JN271804

サハリン残留

日韓ロ　百年にわたる家族の物語

はじめに

玄《ヒョン》 武岩《ムアン》

本書はサハリン残留〈日本人〉の家族物語である。サハリン（南部）は、かつて日本が領有した時代に「樺太《からふと》」と呼ばれ、戦後はソ連に編入された帝国主義の角逐《かくちく》の地であった。

ここで「残留」が示すのは、これらの人びとが日本帝国の支配民族でありながらも、社会経済的には底辺に位置するためにサハリン／樺太という外部に吐き出され、戦後も日本に引き揚げることができなかった戦争被害者であるということだ。〈日本人〉と〈　〉に括ってあるのは、戦前と戦後、支配と被支配にかかわらず、あるいはマジョリティかマイノリティかにかかわらず、サハリン／樺太で日本人は、多民族的な人間関係が交錯する歴史的空間を築いてきたからである。

多くの場合、女性であったサハリン残留〈日本人〉は、階級的矛盾が民族的矛盾を凌駕する戦前の植民地的状況や戦後の周辺的位置によって、幾重にも重なる支配関係のもとに置かれてきた。多民族的な関係とはおおむね朝鮮民族との家族構成を意味する。だが、日本が切り捨てた朝鮮民族との関係のゆえ、戦後は引き揚げられず残留を余儀なくされ、そして忘れ去られた。その意味で「残留」は、ある作家の言葉どおり「置き去り」でもある。

本書は、国家に翻弄された人びとの苦難を訴えたり、その忘却を責めたりするものではない。本書にちりばめられたサハリンを生きる／生きた人たちの素顔はどれも清々《すがすが》しい。写真家の後藤悠樹《はるき》は、寂れた町でも凍てつく冬でも、歴史の重みに押しつぶされることなくたくましく生きる人たちをカメラに収めてきた。その素顔の主人公は、日本、韓国・朝鮮、ロシア、アイヌの混在する多民族・多文化的な存在である。

文を担当した玄とパイチャゼは後藤によってサハリンで暮らす人びとのもとに導かれただけでなく、彼らの生命力にも引き込まれた。サハリン帰国者は、日本社会の無知や偏見、差別に突き刺されて自らの異質性に気づくこともあるだろう。それでもあえて彼らが切り拓くトランスナショナルな生活実践の可能性と創造性にかけるのは、サハリン残留〈日本人〉を悲運の存在として歴史化してはならないと思うからだ。

サハリン残留〈日本人〉女性という「国境に近い女性の歴史」からは、日韓「両民族の限界破り的機能を果たすところの媒介者の思想」（森崎和江）をすくいあげることができる。そして朝鮮系ロシア人として生まれ、日本人の祖先に導かれて「帰国」した若い世代が受け継ぐであろう多重的なアイデンティティの落ち着く先はまだ未確定であるが、いずれは東アジア共同体の未来像を照らし出してくれるに違いない。

本書は一〇の家族の物語を収めている。読者はそれらの素顔に誘われてどこから読み始めても構わないが、全体はテーマ別に三部構成となっている。第一部『「家族」と暮らす』で描くのは、一九九〇年代以後の永住帰国で、子世代や孫などを同伴・呼び寄せして日本に定着した人びとである。第二部『「国境」を超える』は、夫婦のみで永住帰国しながらも、サハリンや韓国の家族と行き来することでトランスナショナルな生活空間を実践する人びとである。第三部「サハリンで生きる」は、日本や韓国に永住帰国せず、サハリンでの生活を選択した人びとである。

また、これらの家族の物語を理解するには、サハリン残留〈日本人〉の置かれた歴史的背景を知ることが不可欠であると考え、巻末にサハリン／樺太の歴史的位置を示す【解説】を配した。サハリンで繰り広げられた日本統治時代の施政や朝鮮人の移入、敗戦間際の混乱と引き揚げ、戦後の朝鮮人社会への包摂と永住帰国という歴史と現在を、サハリン残留〈日本人〉を中心に振り返る。

本書を読むとすぐ気づくように、日本、韓国・朝鮮、ロシアのはざまに生きる人たちはいくつもの名前をもつ。それは、自らの意思や愛着にかかわらず、パスポート上の朝鮮式の本名であったり、ロシア式の通称名であったり、日本に永住帰国することで新たにつくられたものであったりする。世代が下るにつれて、家庭での言語もロシア語が中心となり、ロシア式の本名が一般化していることから、本書では、とくに若い世代の場合はロシア式の名前を中心にする。

サハリン残留朝鮮人の多くは朝鮮半島南部、すなわち現在の韓国の出身で、多数が永住帰国していることから、ロシア語でコリアンを意味する「カレイッツ」「カレヤンカ」は「朝鮮人」よりも「韓国人」をあらわすことが多い。だが、本書では民族名としての「朝鮮」を用いることにする。

本書は、玄／パイチャゼの文と後藤の写真によって構成されている。そのほかの写真として、北海道にいる帰国者との日常の生活のなかで玄が撮影したものやサハリン帰国者から提供されたもの、そして資料写真が含まれている。これらの写真のみ撮影者あるいは提供者を記し、それ以外は後藤の作品である。

「残留」という運命を共有する日本人と朝鮮人が生きたサハリンは、植民地支配と戦争によってゆがめられたいびつな共存世界ではあるが、そこからは日韓が対立する歴史問題とは異なる戦後の生活世界が見えてくるだろう。

目次

サハリンで生きる

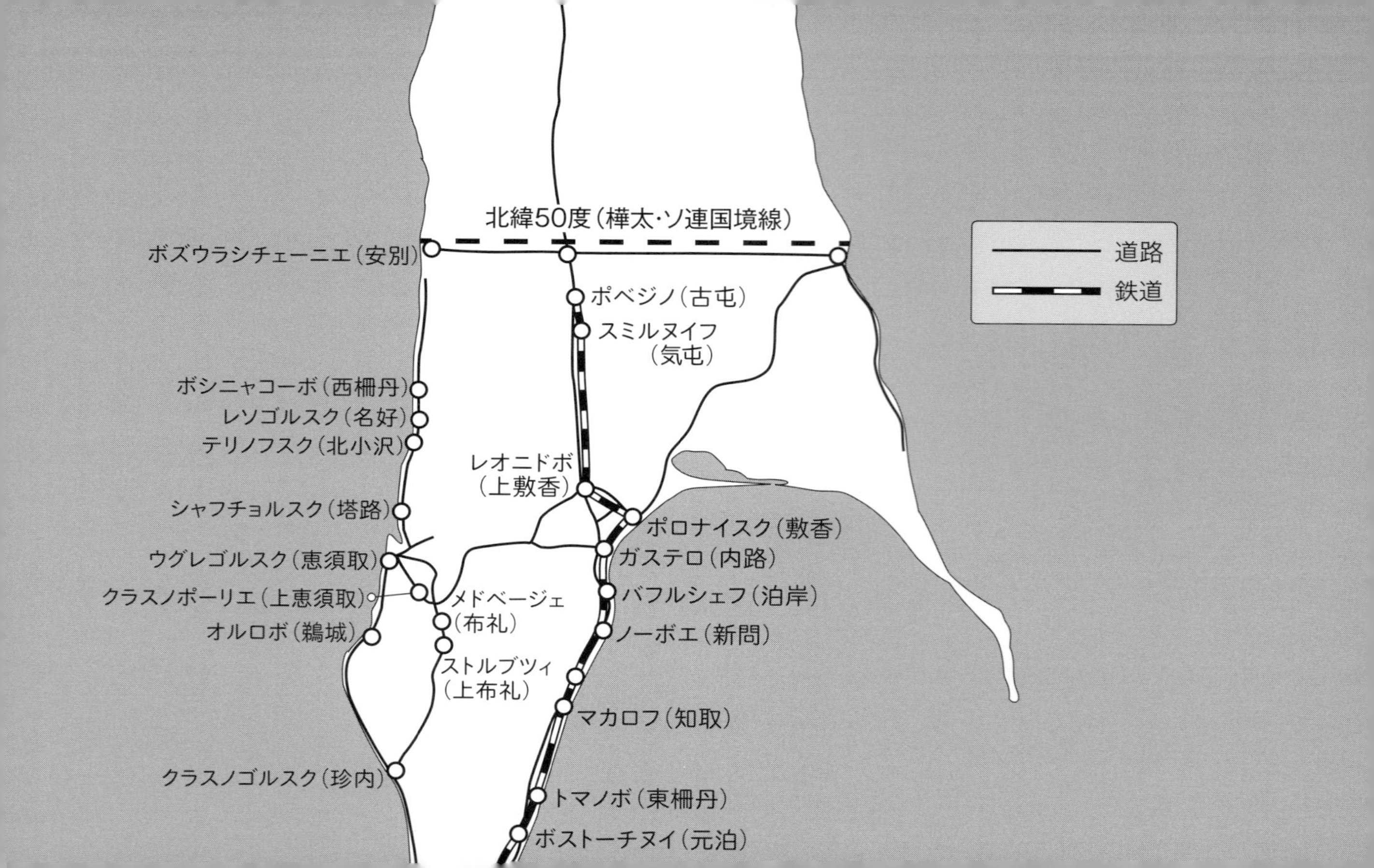
北緯50度（樺太・ソ連国境線）
ボズウラシチェーニエ（安別）
ポベジノ（古屯）
スミルヌイフ（気屯）
ボシニャコーボ（西柵丹）
レソゴルスク（名好）
テリノフスク（北小沢）
レオニドボ（上敷香）
シャフチョルスク（塔路）
ポロナイスク（敷香）
ウグレゴルスク（恵須取）
ガステロ（内路）
クラスノポーリエ（上恵須取）
メドベージェ（布礼）
バフルシェフ（泊岸）
オルロボ（鵜城）
ノーボエ（新問）
ストルブツィ（上布礼）
マカロフ（知取）
クラスノゴルスク（珍内）
トマノボ（東柵丹）
ボストーチヌイ（元泊）
道路
鉄道

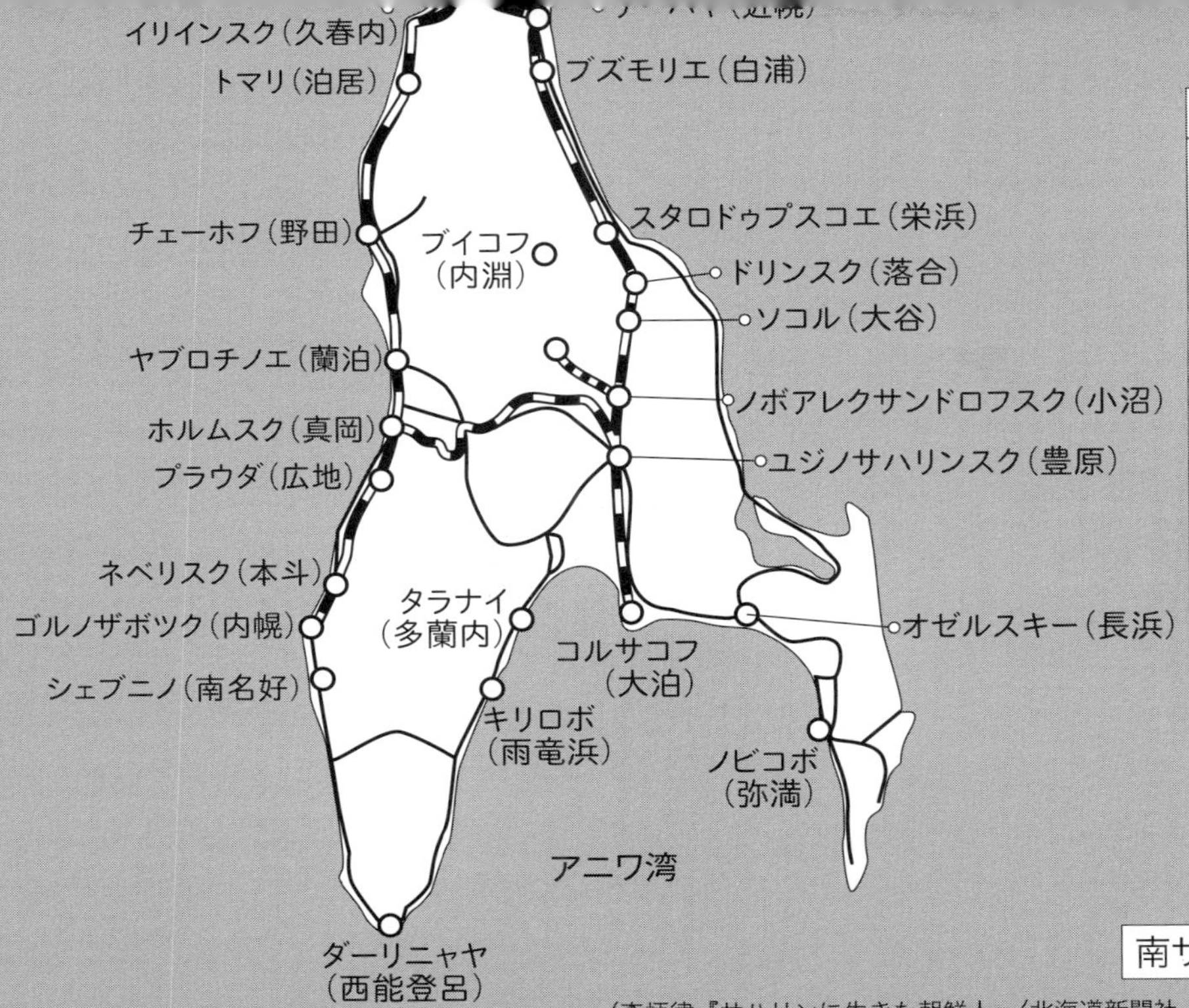

南サハリン（樺太）関連略図

（李炳律『サハリンに生きた朝鮮人』〈北海道新聞社、2008 年〉掲載の地図をもとに作成）
※近年の人口減少による地名と鉄道路線の変更は反映していない

川瀬宅の窓辺。永住帰国先の札幌にて

「家族」と暮らす

日・韓・ロ三国に広がる生活空間——竹中家の人びと

北東アジア祭で

二〇一四年六月に札幌で開かれた北東アジア祭。日本、中国、ロシア、韓国、北朝鮮、モンゴルを文化的背景とする人たちが集う交流の場だ。北海道朝鮮初中高級学校や、土曜教室のロシア学校の生徒たちも、それぞれ民族衣装を身にまとい、歌や踊りを披露した。

ロシア学校のダンスチームは日頃の練習の成果を存分に発揮できて得意満面だ。メンバーのひとり、竹中オーリャの表情も達成感に満ちている。傍らにはチマチョゴリ姿の朝鮮学校の生徒たち。そこにオーリャが重なった。

「あなたは、朝鮮の民族衣装の方が似合うよ」と言われて、オーリャは笑いながら答えた。「彼女たちに似ているのはよくわかっているよ。だって私もカレヤンカ《朝鮮人》だもん！」。いとこのリョーシャも「僕もカレイッツ《朝鮮人》！」と調子を合わせた。「僕も！」「私も！」と、日本語やロシア語でメンバーたちがざわつく。

ロシア学校は二〇〇一年にできた土曜教室。ここに毎週一回、親からロシア語を受け継いだ子どもたちが集まる。幼稚園児から高校生まで、さまざまな科目がロシア語で教えられている。サハリンから日本に来た帰国者の子どもや孫の多くがここで学んでいる。

子どもたちのルーツは多様で、名前もバラエティに富む。ロシア式はもちろん、日本や朝鮮の名前もある。竹中家のオーリャとリョーシャも、日本の学校では美希と拳士で通っている。竹中美希と竹中拳士が「日本人」としての正式な名前だ。しかしここロシア学校では、キム・オーリャとキム・リョーシャという朝鮮の姓とロシア式の名に戻るのだ。なぜサハリン帰国者の子どもたちは、いくつもの名前を抱えているのだろうか。

竹中姓の由来

オーリャは二〇〇四年、祖父・建雄の永住帰国に合わせて家族とともに日本に来た。翌

竹中家のオーリャ（左から１番目）とリョーシャ（同４番目）。北東アジア祭のダンス本番前の練習で

年、建雄の兄・昭雄も家族を連れて永住帰国した。リョーシャは昭雄の孫だ。昭雄と建雄の兄弟は、サハリンでは「キム」という姓であったが、日本に永住帰国することで、「竹中」を名乗るようになった。

昭雄と建雄は、朝鮮人の父・金秀鎮《キムスジン》と日本人の母・高橋豊子の家庭に生まれた。母が日本人であることで日本に永住帰国することになったのだ。とはいえ、「竹中」はいま自分たちを日本に導いてくれた母の姓ではない。「竹中」は父の金秀鎮が戦前に日本で使った姓だ。日本の姓は戦後サハリンの朝鮮人コミュニティで不要となり、忘れ去られていた。それが、一九九〇年代に入り、日本に一時帰国することをきっかけによみがえった。

父・金秀鎮は、日本の植民地時代に朝鮮半島から北海道の旭川に出稼ぎに来た。そのとき一四歳だったという。他の朝鮮人と同様、日本の名前をつけて竹中秀男と名乗った。将来の妻になる高橋豊子に出会ったのも旭川だ。ところが彼女が一家そろって樺太に移住することになる。秀男は豊子を追いかけるよ

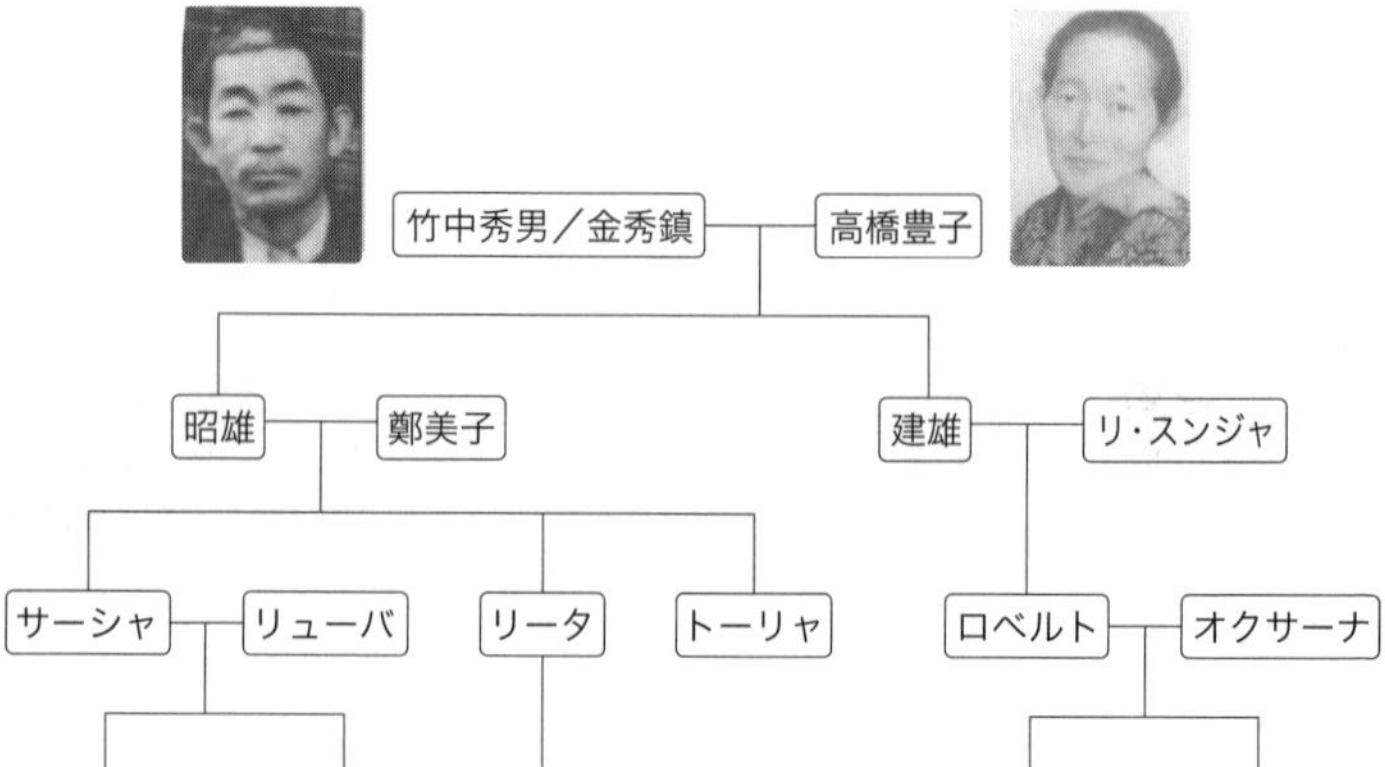

竹中家の人びとと関係略図

うにして労働者の募集に応じ、樺太に渡った。
二人は樺太で結婚し、上《かみ》布《ふ》礼《れい》（ストルブツィ）という小さな村で暮らした。竹中家は七人の子どもに恵まれた。日本に引き揚げることを想定したのか、敗戦を迎えても家庭では朝鮮語を使用せず、長男の昭雄も日本の学校に通わせた。

しかし朝鮮人は、敗戦後のソ連地区米ソ引揚協定による一九四六年から四九年までの前期集団引揚（二二〇ページ参照）において、日本への引揚船に乗ることができなかった。豊子の妹はこの時期に引き揚げたが、豊子は家族とともにサハリンに残るしかなかった。四九年に日本人の引き揚げが終了すると、学校も閉校となった。「竹中」は忘れるべき姓となり、「キム」として戦後のサハリンを生きていくことになる。

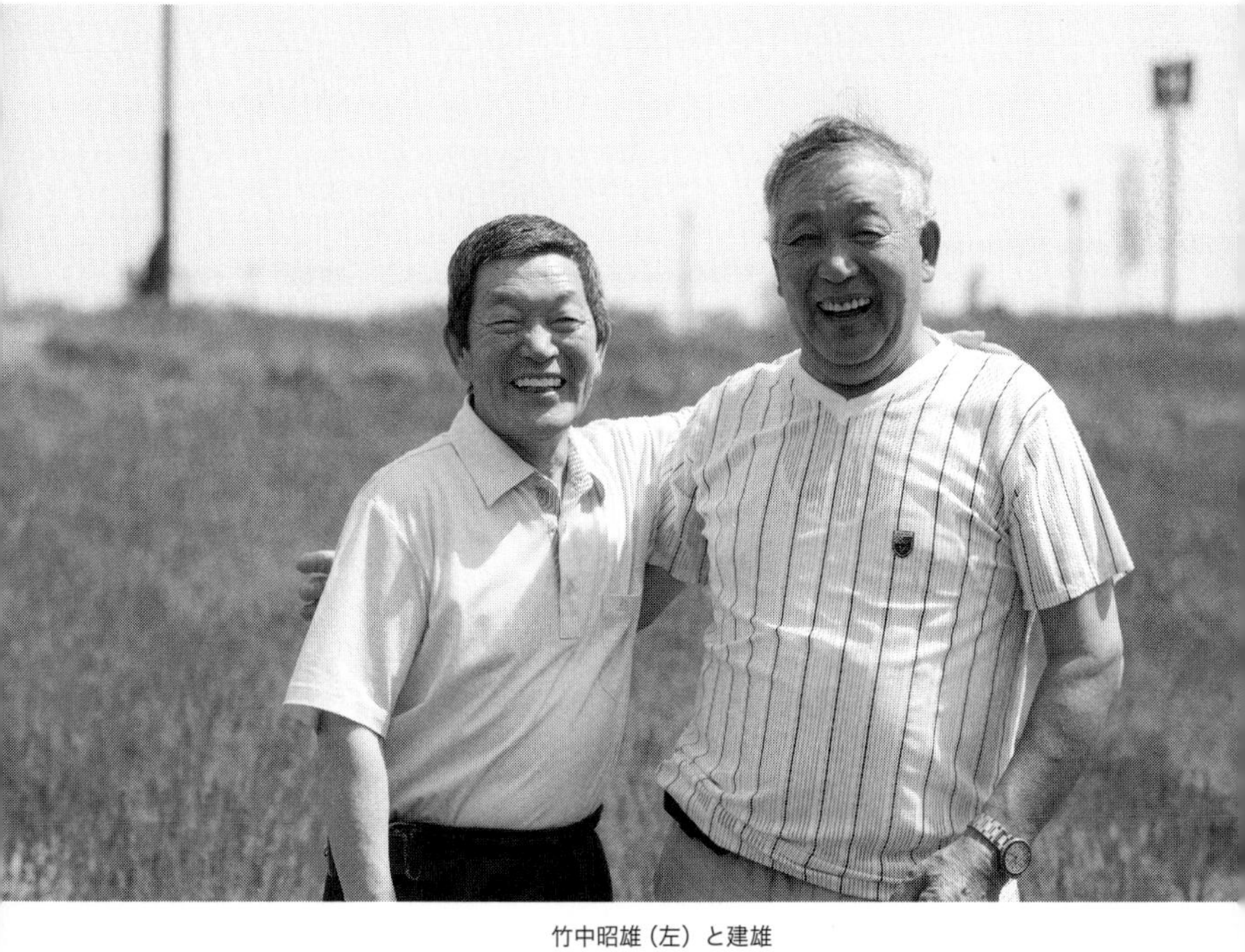

竹中昭雄（左）と建雄

昭雄と建雄が二〇〇四年から〇五年にかけて永住帰国する際、就籍（戸籍回復と国籍取得）の手続上、本来なら「日本国籍」の根拠となる母の「高橋」の姓を受け継ぐのが筋であった。しかし二人は「竹中」の姓にすることを決めた。これまで一時帰国では「竹中」を名乗っていたこともあり、それを証拠書類にして裁判所に姓氏変更を申し立て、「竹中」の姓で就籍することが認められた。昭雄・建雄兄弟が引き継いだのは、「日本の姓」というよりも「父の姓」だったのである。

日本の植民地支配下で「金から竹中へ」変更した姓は、大日本帝国の崩壊によって今度は「竹中からキムへ」と変わり、日本に永住帰国することでふたたび「キムから竹中へ」と姓が変わることになった。キム（金）＝竹中家は、世代をわたり二つの姓を受け継いできた。

戦前の恵須取町濱市街（『樺太写真帖』〈樺太庁編、1936年〉より転載）

朝鮮語ができないまま朝鮮学校へ

竹中昭雄は一九四二年にウグレゴルスク地方の布礼（メドベージェ）で生まれた。それから六三年間、彼の人生はこの地域とかかわりをもっていた。周辺で石炭が採掘されることから「石炭の山」と名づけられたウグレゴルスク。サハリンの西海岸に面するこの港町は、日本統治時代に「恵須取《えすとる》」と呼ばれた。この石炭をパルプ加工の燃料として利用するために、王子製紙はここに工場を建設した。他のサハリンの主要な港町がそうであったように、製紙工場と石炭は切っても切り離せないものであった。

製紙業や炭鉱業が盛んなことから、ウグレゴルスクには多くの朝鮮人労働者が働いていた。金秀鎮も伐採の仕事で生計を維持した。若くして日本に渡り、日本人の女性と結婚したこともあって家庭では朝鮮語を一切使わなかった。子どもたちは幼い頃、父に「朝鮮語を教えて」と頼んでも「朝鮮語

王子製紙恵須取工場の跡地

は要らない！」と言われた。この時代の朝鮮人の家庭では、日本語を使うことは珍しくなかった。しかし日本統治の時代が終わっても、竹中家では朝鮮語をほとんど使わなかった。

昭雄が小学校に入る頃は、日本人の引き揚げが終わりかけていた。一九四九年に日本学校に入学したが、わずか半年後に閉校となる。昭雄は朝鮮学校に移ることになった。戦後まもなく各地に朝鮮学校が設立され、多くの朝鮮人の子どもたちがこうした学校に通った。

朝鮮語がまったくできない昭雄にとって、朝鮮学校で勉強についていくのは大変だった。日本語を使うと、先生に厳しく叱られた。

日本敗戦後、朝鮮学校では中央アジアから来た高麗人《こうらいじん》（二二三ページ参照）が教師を務めた。学校で教える教師がそもそも足りなかったこともあるが、高麗人の教師は、サハリンの朝鮮人がいち早く社会主義国ソ連の一員になるように指導する使命を担っていた。彼らからすれば、サハリンの朝鮮人は、どうして早く日本帝国主義時代の奴隷根性から抜け出せないのかと、状況が理解できなかったのだ（片山通夫『追跡！　あるサハリン残留朝鮮人の生涯』凱風社、二〇一〇年）。

ある日、昭雄は日本語でしゃべっているところを咎められ、授業で使う指し棒で頭を叩かれた。それから昭雄は学校へ行かなくなった。「どうして学校に行かないのか」と問い詰める父にそのことを話すと、父は「もういい、行かなくていい。行くな！」と怒った。翌日、昭雄を連れて学校に乗り込んで、もう学校には行かせないと先生に告げた。昭雄は朝鮮学校をやめてロシア学校（ソ連の一般学校）に四年間通った。ロシア語も大変だったが、ある先生のおかげで身につけることができた。いまでもその名前を覚えている。スターリングラードから来たニーナ・ウラジーミロヴナ先生。彼女が各生徒の家を回って、個別にロシア語を教えていたのだ。

昭雄は、ニーナ先生がいなかったらロシア語の習得にはもっと時間がかかっていたかもしれないと、いまでも感謝の気持ちを忘れていない。ただ、昭雄は五年生まで学校に通ったものの、学校が遠く、家庭が貧しかったため一四歳からは父と一緒に森林で働くことになった。

ロシア学校に通っても、昭雄はサハリンの朝鮮人コミュニティのなかで成長し、自分はサハリンの朝鮮人であるという意識を強くもっていた。

一七歳になった昭雄は、ウグレゴルスク営林場（林管区）の正職員になった。そこで一九五七年から六一年まで四年間働いた。その後は、ウグレゴルスク地方のクラスノポーリエ（上恵須取）に引っ越した。クラスノポーリエでは一年間林業員（山林官）を務め、その後は鍛冶屋で働いた。

ソ連時代は徴兵制が敷かれていたので、昭雄は一九六三年から三年間、ハバロフスクで兵役に就き、六六年にサハリンに戻った。

古い日本の歌を歌う竹中昭雄

除隊後は、ウグレゴルスクにいる父方の叔母の家に身を寄せながら製紙工場に勤務した。工場で使用する丸太の積み出し作業だった。叔母は一九三〇年代に朝鮮半島から兄を捜してサハリンにやって来た。

じつは、昭雄が三年間兵役に就いているあいだ、ウグレゴルスクでその帰りを待つ人がいた。女性の名前は鄭美子《チョンミジャ》。美子の父は戦時期に朝鮮半島忠清北道からサハリンに強制動員された朝鮮人で、母は北海道出身の日本人だ。両親は一九四六年に結婚した。美子は朝鮮学校を卒業している。

昭雄は叔母からことあるごとに「結婚するべきだよ」と言われた。結婚を求めてくる女性は少なくなかったが、昭雄は美子を妻にしたいと思っていた。結婚の許諾を得るため、昭雄は彼女の家に乗り込んだ。緊張して居間に座っていると、険しい顔をした美子の父があらわれ、いきなり双銃身の銃をかまえて「撃つぞ」と叫んだ。

一瞬震え上がったが、昭雄は軍隊の経験もあったので、立ち上がって「撃ってみろ!」と言い返した。一緒についてきた仲間はすでに片隅に身を潜めていた。睨みつける父に昭雄はひるむことなく、目を大きく見開いて「やってみろ!」と言って迫った。手が震え始めた父は、銃をベッドに投げつけてその場を去っていった。それから一週間後、昭雄は美子を連れ出した。昭雄はこの自分のプロポーズの場面を笑いながら語った。

昭雄と美子は、ともに日本人の母をもつが、父が朝鮮人であったため、戦後引き揚げることができなかった者どうしであった。それから二人は三人の子をもうけ、四〇年以上をともに暮らした。そして日本にも一緒に帰った。だが美子は二〇一二年、先に世を去った。

サハリンでの生活

除隊してから製紙工場で働いた昭雄は職人長になり、六〇人の作業班を率いた。職人たちはみんなロシア人で、昭雄だけが朝鮮人であった。最初はうまくやっていけるか心配していたが、まったく問題はなかった。

当時の工場は「職場」としてだけではなく、生活のさまざまな面でも重要な場であった。結婚後、竹中家はバラックに住んでいたが、その後新しくできたアパートに引っ越した。このアパートは、工場の仲間と毎日仕事が終わると集まって建てたものだ。一九七九年に家族はこのアパートに入居した。暖房やお湯は工場のボイラーから配管されていた。ちなみに、このときがウグレゴルスクの最盛期で、人口が最も増えた時期であった。

朝鮮学校は一九六三年に閉校になったので、昭雄と美子の子どもたちはロシア学校に通うことになった。竹中家の言葉はロシア語だったので、学校生活にはすぐに慣れた。子どもたちは、日本人の血を受け継いでいることについてあまり考えたことはない。しかしそのことはちゃんとわかっていた。学校の先生や友達もそれを知っていた。民族差別があったことは聞いているが、そうした差別に遭遇することなく伸び伸びと育った。

一九九〇年代になると、竹中家の長男や長女が結婚し、孫たちが生まれる幸せな出来事がたくさんあった。しかし、国全体が不安定な時期でもあった。九一年のソ連崩壊後、ロシアの経済状況は困難をきわめた。とくに国の中心部から遠く離れた小さな町はいっそう厳しかった。

サハリン各地の工場の多くは、日本統治時代につくられて、ソ連時代に国の支援を受けたが、一九九〇年代にほぼ操業停止となる。人びとが失業すると同時に、多くの家で暖房が止まってお湯も使えなくなった。サハリンの厳冬は多くの人を追い詰めた。

竹中家も例外ではなかった。パイプが凍結して水道が止まると、給水車から水を買うしかなかった。暖房も止まり、アパートの室内でも凍てつく寒さで、雑巾が床にくっついてしまうほどであった。子どもたちは学校で体を暖めるしかなかった。

サハリンの住民たちは、生活が困難になると、「もとの土地」――出身地に戻ろうとした。一九九〇年代のウグレゴルスクの状況もそうだった。二〇一〇年にウグレゴルスクの人口は、最盛期に比べ七〇〇〇人も減っていた。多くはロシアの大陸部や旧ソ連共和国に帰っていった。ちょうどこの時期から、朝鮮人や日本人の永住帰国も実現し、多くが町を離れていった。

家族全員を連れての永住帰国

昭雄の両親は帰国できないまま、一九六三年に父が、七〇年に母が亡くなった。昭雄は四五年以前に生まれたことから、韓国に永住帰国することもできた。ただ、サハリン残留朝鮮人の一時帰国が細々と実現する八〇年代には、すでに父は亡くなっていたので、昭雄に韓国への望郷の念はさほど強くなかった。母親の故郷である日本への「帰国」願望も抱いていなかった。

そうしたなか、「一時帰国しないか」と日本サハリン同胞交流協会（二三四ページ参照）から声をかけられ、軽い気持ちで行ってみることにした。一九九二年に初めて日本を訪問した。向かったのは母の故郷であった。そこでは母のきょうだいやいとこが健在だった。およそ二週間滞在しながら、札幌も歩き回った。それから九六年、九八年、二〇〇〇年、〇二年と、ほぼ二年ごとに一時帰国を果たした。〇二年は妻を連れての一時帰国だった。

竹中家の人びと。前列左からディーマ、リューバ、リョーシャ、昭雄、リータ
後列左からサーシャ、ロベルト、スンジャ、建雄、コースチャ、オーリャ、オクサーナ。札幌で

二〇〇〇年代には昭雄夫婦は年金生活者となり、人口の流出が激しいウグレゴルスクでの生活に展望を見出せなかった。「子どもたちも自分たちの生活に追われ、親の世話どころでなく、生活はひどい」状況だった。そうするうちに、日本への永住帰国の願望も徐々に芽生えてきた。日本のいとこたちも永住帰国を勧めてくれた。

昭雄の七人きょうだいのうち、日本へ永住帰国することができるのは、日本の戸籍に入ることが認められる戦前生まれの昭雄と弟の建雄だけであった。姉は一度韓国に永住帰国したものの、のちに健康の問題もあってサハリンに戻ることになった。ほかのきょうだいは一九四五年以降に生まれたため、韓国には永住帰国できない。

二〇〇五年の春に一時帰国した際、昭雄は家族全員を連れて永住帰国する意思を固めた。このとき、妻の美子は札幌で日本人の母の妹と会うことができた。昭雄の親族が必死になって捜しあててくれたのだ。そしてこの年の一二月、昭雄は妻と長男家族（長男・嫁・孫二人）を同伴して日本に永住帰国することになる。

一家は六カ月間、埼玉県所沢市の中国帰国者定着促進センターで日本文化や日本語を学び、二〇〇六年六月に札幌に定着した。そして同年から〇八年にかけて長女家族と二男を呼び寄せ、家族そろっての日本の生活が始まる。永住帰国の支援の対象にならない家族を呼び寄せるには並々ならぬ努力が必要だ。

家族が離れ離れになって暮らすことを、昭雄は望んでいなかった。家族全員で永住帰国を果たすこと、それが昭雄の執念であった。日本はかならずしも「祖国」と言える地ではなかったが、一家そろって生活ができる道を、日本への永住帰国をとおして実現した。

昭雄は母の祖国で余生を送り、昭雄の子世帯は祖母の祖国で生きていくことを選択した。歴史に翻弄されたサハリン残留日本人女性（高橋豊子）は、自らは故郷の地を踏むことがなかった。しかし骨になっても自らの家族を日本に連れ出したのである。

言うまでもなく、子や孫世代にとっては、日本に行くことは「帰国」というよりもむしろ「移住」の感覚であった。祖父の時代、新天地を求めて朝鮮半島から日本に渡った金秀鎮と同じように、今度はその子孫が「新たな生活」を夢見てサハリンから日本にやって来たのである。

娘と嫁のさまよえるアイデンティティ

昭雄と建雄のいわゆる帰国者の第一世代は小学校まで日本語を使っていたため、帰国後にわりと早く日本語を話せるようになる。第二・三世代にあたる子どもや孫の場合、日本語を身につけることが喫緊の課題であった。しかも日本語で仕事や勉強をしなければならず、そこにはさまざまな壁が立ちはだかっていた。

親の扶養を条件として同伴帰国する第二世代であるが、まずは自らの家族を養わなければならない。そのためには日本語を身につけ、職を探さなければならない。竹中家の長女のリータと長男の妻のリューバもこのような現実問題に直面した。

長女のリータは子ども一人を連れて日本に来た。リータはロシア語しかできない。家で両親はもっぱらロシア語で話していたが、朝鮮語や日本語、ときには両方を混ぜた言葉を使うことも少なくなかったので、生活のうえで三つの言語を使うのは当たり前のことだった。

リータは幼い頃、「小さなお祖母さん」（祖父・秀男の妹）宅に遊びに行くのが好きだった。ロシア語で話しかけると、お祖母さんは日本語と朝鮮語、自分でつくった混合の言葉で返事していたが、なんとかコミュニケーションはとれていた。リータの場合、父と母の両方が日本人の血を受け継いでいることから、そのぶん日本語や朝鮮語に接する機会も多く、これらの言葉に違和感はなかった。

長男の嫁であるリューバはやや事情が異なる。夫に付き添って日本に来たものの、自身は両親が朝鮮人で、日本人の血は「一滴」も入っていない。末っ子であるリューバは、幼い頃は母方の祖母と過ごすことが多かった。リューバはロシア語、祖母は朝鮮語で言葉を交わしたが、なんら支障はなかった。祖母は方言が独特な済州島出身の人だった。ところが慶尚道の方言をしゃべる父方の祖母は、孫とは言葉が通じなかったので寂しい思いをした。

それでもリューバが日本に着いて初めて日本語を耳にしたとき、不思議な親しみを感じた。この言葉の響きはどこかで聞いたことがあった。両親はなるべく子どもたちにロシア語で話しかけていたが、時折よくわからない言葉を話していた。のちにそのことについて尋ねると、「まわりには日本人もたくさんいたので、私たちは朝鮮語と日本語を混ぜてよく話をしたのよ」と母は答えた。

日本人の血が流れているリータ。日本人の血は受け継いでいないが、日本語に親しみがあるリューバ。このように多言語・多文化的な環境で育った二人は、日本に行くことについてなにを感じたのだろうか。また、日本での生活についてどう思っているのだろうか。そもそも、日本に「帰国」したリータとリューバは、いったい自分たちを何者だと思っているのだろうか。

「帰国」をどう受けとめたのか

リータはロシア人と結婚し、一九九〇年に息子ヴィターリを産んだ。夫とは別れて、いまは息子と二人暮らしだ。帰国前、両親から日本に「帰る」と言われたとき、サハリンの生活はとても大変だったので賛成した。

ところで国の帰国プログラムで同伴できる子世代は一家族のみ。所帯の大きい長男の家族が同伴家族として先に帰ることにした。リータとヴィターリは、その後、家族の呼び寄せのかたちで日本に来た。

長男の妻・リューバは、結婚する夫に日本人の血が流れていることを知らなかった。結婚してから、舅や姑が日本に一時帰国したり、日本の親戚と会ったりするのを見て、夫の祖先に日本人がいることを知った。姑（美子）は初めて日本に行ったときから、日本がずいぶん気に入った様子だった。そしてリューバに「一緒に日本に移住しよう」と誘いかけた。

リューバは戸惑った。「向こうに行ってどうすればいいの？　ここには仕事があるのに。ここがすべてなのに……」。日本語も話せない自分が日本でどうやって生きていけるのか、とても不安だった。一年近く悩み続けても、首を縦に振ることはできなかった。

姑は、「日本はとてもきれいで、どこにでもお花が咲いているのよ。ぜひ行きましょう！」と口説き続けた。リューバの心は揺れ動いた。竹中一家は、だれか一人でもここに残るなら、日本には行かないと決めていた。

結局みんなで日本へ行くことを決心し、移住することになる。リューバにしても、子どもが小さいうちなら慣れやすいし、言葉も覚えやすいと思うと、もはや決断を先送りすることはできなかった。いまとなっては、子どもの将来のためにも移住してよかったと思っている。

ちなみに、リューバの両親は二〇〇七年に韓国に永住帰国し、そこで父は一〇年に他界した。きょうだいはサハリンやロシアの大陸各地で暮らしている。

新しい生活と自己実現

帰国者の第二世代は、サハリンにいたとき、日本での新しい生活にさまざまな期待を抱きながらも、不安をぬぐい切れなかった。果たして日本で自己実現が可能なのだろうか。「帰国者の第二世代は仕事をしたがらない」というのはよく聞く話だ。実際、働かない人や、仕事が長続きしない人が大半だ。なぜこのようなことになるのだろう。リータとリューバは日本に来て事情が理解できた。

第二世代は「働きたい」「これまでしてきた仕事を続けて、自分の経験や専門を活かしたい」と考えているが、日本で自分のスキルを活かすことはそう簡単ではない。日本語が不自由であることでいじめられたり、馬鹿にされたりすることもしばしばある。上司に呼び捨てされるなどの職場の上下関係や、困ったときでも同僚があまり助け合わないコミュニケーション・スタイルの違いにも戸惑わされる。なによりもロシアの資格が認められない

リータ（左）とリューバ

ことは自らの存在意義にもかかわる。これらの問題が仕事を続けるうえで大きな壁となっている。

竹中家の第二世代の女性たちは、この壁をどのように乗り越えようとしているのか。

リータは弁当工場で働いている。サハリンでも製紙工場やパン工場で働いていたので仕事は苦にならない。肉体労働は確かにきついけれど、リータはいまのような素早い動きが求められる仕事には慣れている。ただ、身体の具合がよくないこともあり、医者からは仕事を変えた方がいいと言われたのが気がかりだ。それでも選択肢は二つしかない。生活保護を受けて生きていくか、それとも工場で働くか。リータは「働けるうちは生活保護に頼りたくない」と言いながら、いまの仕事を続けている。

一方、リューバはサハリンで看護師として一〇年間働いた経験をもつ。しかし日本では言葉の問題もあり、ロシアで取得した看護師の資格は認められない。看護師として働く道は閉ざされているのだ。

それでも、リューバは自分の専門に最も近い、介護の仕事に就くことができた。いまは一時的に仕事を休み、中国帰国者支援・交流センターの日本語クラスに通いながら、日本語のレベルアップに励んでいる。

日本語でのコミュニケーションの問題

リータとリューバは、日本の企業で働くにあたり、日本語の壁にぶつかった。リータは、呼び寄せ（私費）で「帰国」したので、帰国旅費の支給や帰国促進センターへの入所、住居の斡旋、生活保護など帰国支援の対象にはならず、すぐに働かないと生活ができない状況にあった。それでも日本の生活については、「好き。素晴らしい。いたるところに花が咲き始めるさわやかな春から初夏にかけての季節が心から大好き。キレイ」と胸をふくらませた。

しかし同時に、「私は日本語が苦手で、とても大変。なぜなら、日本語を覚える時間がない。働くか覚えるか、どちらかひとつを選ばなければならない。両立させるのは不可能」と、リータは肩を落とす。

日本語が上手でないことを、リータはわかっているつもりだ。それでも日本人の同僚には、もう少しそのことを理解してほしいと思っている。日本人の同僚とうまく話せないことがとても寂しいのだ。

いま、一番仲良くしてくれているのは職場の中国人だ。中国人どうしは中国語で会話をしているが、日本語の講習を受けてから工場に配置されたので、日本語もそれなりに話せる。リータにはわかりやすく話しかけてくれる。彼女たちは親切で、ちょっとした笑い話もできる。冗談を言ったり、つねったりして和むことができるのだ。中国人とは日本人より仲がいい。

日本語が不自由なので、「有給休暇の取り方がわからない」など生活上の不便が生じることもある。また、「日本語ができない日本人」と思われたくないので、リータは仕事場ではロシア名を使用している。

リューバも職場で日本語が上手にできないことで、からかわれたり、馬鹿にされたりすることがあった。リューバは日本語を懸命に勉強しているつもりだが、漢字はどうしても覚えられず困っている。老人ホームの入居者のカードはひらがなで書くしかない。すると同僚の日本人は、「勉強しろ！」と口酸っぱく言う。

リューバは、家に帰ると二人の子どもの世話が待っているし、洗濯や掃除などの家事もこなさなければならない。老人ホームでの仕事はきつく、体力も必要で十分に休まないといけない。日本語を勉強する時間は全くとれない。

ある日のことだった。いつもリューバを注意する同僚が、カードに書く名前の漢字を辞書で調べていることに気づいた。我慢できなくなったリューバはこう言い放った。「あなたは日本人でしょう。日本で生まれ育ちました。どうして漢字がわからないのですか？　どうして私に勉強しろとばかり言うのですか？　自分もできないくせに」。それからは、その同僚はリューバの日本語に関してはなにも言わなくなった。

リューバやリータは、日本語が上達しない自分たちに苛立つこともある。しかし、自分たちの状況を理解しようとせず、コミュニケーションをはかろうとしない日本人同僚には憤りを感じるのだ。日本社会には異文化をもっと寛容に受け入れてほしいと願っている。

内戦から逃れて

オーリャの母であるオクサーナは建雄家族の嫁であるが、じつは彼女も日本人の血を引いている。父と母の両方の祖父は朝鮮人であるが、祖母はともに日本人なのだ。姉妹でサハリンに渡った父方の祖母は、日本人と結婚したが戦争で夫を亡くし、朝鮮人と再婚した。母方の祖母は朝鮮人の夫と駆け落ちしてサハリンに渡った。

ところでオクサーナの母は、幼くして母親（オクサーナの日本人の祖母）を亡くしたので、近所の朝鮮人家庭に預けられ、朝鮮文化のなかで育った。家庭の言語は朝鮮語で、子どもたちは朝鮮学校で勉強した。逆に父方の家族は、家長が朝鮮人だったものの、家庭内では

クラスノポーリエ

日本語を使っていた。子どもたちはロシア学校を卒業した。

家庭の言葉が違っていたオクサーナの両親は、結婚してからは学校で習ったロシア語で話した。オクサーナが生まれたのはウグレゴルスク地方のクラスノポーリエであるが、一〇歳のときに家族はサハリンを出てタジキスタンに移住することになる。

多民族地域で平穏な日々を送っていたオクサーナの家族であるが、一九九一年にソ連が崩壊すると一家に悲劇が襲いかかる。九二年にタジキスタンで内戦が勃発し、オクサーナの家族もそれに巻き込まれた。家族を守るため、オクサーナの父はパトロール隊のリーダーになるが、村の男たちとともに捕えられ、銃殺されたのだ。

オクサーナの家族はタジキスタンから避難することにした。命からがらサハリンにたどり着いたが、家も仕事もなくゼロから生活を立て直さなければならなかった。オクサーナは親戚の家に居候しながら働き始めた。それから二年後、竹中建雄の二男・ロベルトと出会い結婚した。

一九九六年に長男（コースチャ）が、そして九九年に長女（オーリャ）が生まれた。当時のサハリンの経済状況は悪く、人の流出が激しかった。クラスノポーリエには仕事がほとんどなく、オクサーナの家族はハバロフスクに引っ越すことを考えた。オクサーナの母と夫は韓国へ出稼ぎに行った。

オクサーナは、夫の両親と生活しながら、なんとか農業で生計を立てていた。そんなある日、舅（健雄）から「日本に帰国しないか」と声をかけられた。オクサーナは、母と夫が韓国にいたので、ひとりで判断しなければならなかった。いろいろ考えた末、日本に行くなら子どもたちが小さいうちの方がいいと思い、覚悟を決めた。

オクサーナは、リータやリューバと同じように、一般の日本企業で二年間仕事をしていたが、やはり日本語の問題や職場での人間関係に悩み、仕事を辞めた。いまは、幼児教育の専門を生かして、ロシア学校の土曜教室でボランティア教師として活動している。

子どもたちの将来への期待

リータ、リューバ、オクサーナは生計を立てるために懸命に働きながらも、子どもの面倒もみなければならない。その子どもたちは、幼くして日本に来たので日本語も流暢に話し、

土曜教室のロシア学校で子どもたちを教えるオクサーナ

学校生活にも適応しているように見える。しかし帰国者としての自らの存在をどのように意識しているのだろうか。感受性の強い時期でもあり、親たちはそのことが気になってならないのだ。

竹中秀男こと金秀鎮の五人のひ孫は、いま日本に暮らしている。曾祖父は一四歳で働き口を求めて朝鮮から日本にやって来た。昭雄も弟の建雄も一四の歳にはロシア社会に出て、仕事を始めた。いま、同じくらいの年齢にさしかかった孫・ひ孫たちは、日本に「帰国」して、日本語を学びながら日本人として生きている。

もちろん、現在の日本は子どもたちが労働を強いられることのない安全な社会である。リューバもリータも、このような環境で子どもを育てたい気持ちに変わりはないが、日本社会は外国にルーツをもつ子どもたちを受け入れる準備がまだ整っていないと思っている。そのため、親たちは教育の問題や子どもの将来についてさまざまな悩みを抱えている。

サハリンに残留を余儀なくされた〈日本人〉は、日本人として帰国しているが、それらの家族のアイデンティティはもはやひとつの文化、ひとつの言語に収まらない。世代によって、状況によってより強くなる「面」があるだろうが、決してそれはひとつではない。子どもたちが日本社会にうまく適応しながら、朝鮮の文化やロシア語を保持することが家族の切なる願いだ。

戦後サハリンで生き抜いた母と帰国三世の孫のアイデンティティ

——川瀬米子《かわせよねこ》

引揚船の出港地ホルムスク（真岡《まおか》）

かつて王子製紙真岡工場が置かれ、製紙業と漁業で栄えたホルムスク。いまは産業が衰退し荒れ果てた姿に様変わりしている。大勢いた朝鮮人もずいぶん少なくなった。

戦前、真岡と呼ばれたこの港町は、樺太からの引揚船の出港地であった。一九四六年一二月から四九年七月まで、ソ連地区における日本人の引き揚げを取り決めたソ連地区米ソ引揚協定による前期集団引揚（二二〇ページ参照）で、樺太および千島列島のおよそ三一万人が日本へと向かった町だ。「九人の乙女」が自決した真岡郵便電信局事件で知られる地でもある。

川瀬米子が生まれたのはホルムスク地方のヤブロチノエ（蘭泊《らんどまり》）。夫のニガイ・レフは朝鮮人でウグレゴルスク（恵須取）の出身だ。とはいっても戦時期にサハリンに強制動員されたわけではない。どうやら祖父が朝鮮半島から沿海州に渡り、その後サハリンまで流れて来たようだ。

サハリンにはこのように大陸や日本経由で移住した朝鮮人も少なくなかった。一九二六年一二月末の段階で四三八七人の朝鮮人が居住していた。その数は戦時動員が本格化する直前の三八年には七六二五人であった（二一〇ページ参照）。

その後、強制徴用として朝鮮半島から多くの人が動員され、炭鉱などで働いた。敗戦時の数はおよそ二万三〇〇〇人であった。その人たちが戦後、故郷に帰還することができず、長いあいだ残留を強いられることになる。

さらに日本人の引き揚げによる労働力不足を埋めるべく、北朝鮮からも契約労働者が送られてきた。彼らの多くは朝鮮戦争などの混乱のなかでサハリンにとどまった。こうした人びとが、戦後サハリンの朝鮮人コミュニティを形成した。

引揚船を見下ろしながら

米子の母親は新潟出身の川瀬ワキである。川瀬は母の姓だ。ワキは一九二八年、一八歳のときに姉の家の手伝いのため、樺太にやって来た。ところが姉は夫と別れて新潟に帰ってしまった。

姉の家庭の後始末をする羽目になったワキは、状況が落ち着くと、自分もすぐに新潟に帰るつもりでいた。それまでのあいだ、食いつないでいくためにも仕事を探さなければならなかった。

戦前の真岡（写真提供／札幌市中央図書館デジタルライブラリー）

ある老婆から蘭泊の飯場《はんば》の仕事に誘われた。そこで王子製紙で建築の仕事をする中村正吉という男性に出会い、一緒に暮らすことになる。

ワキは、正吉とは正式な婚姻関係にはなく、二人のあいだに生まれた子どもたちを自らの戸籍に入れた。米子は六人きょうだいの五番目として一九四三年に生まれた。敗戦直前、樺太にひとり残されたワキを捜して新潟から兄が真岡にやって来たが、蘭泊にいる妹を捜しあてることはできなかった。

一九四六年末に正吉が病死した。戦後、樺太からの引き揚げが始まろうとするそのときであった。それでも六人の子どもを養わなければならなかった。ワキは働き口を求めて、子どもたちを連れて西海岸の中心都市であるホルムスク（真岡）に出た。

港を囲む丘からは、故郷に向けて出港する

ホルムスク全景

引揚船も見下ろせただろう。あの船に乗りさえすれば日本へ帰ることができた。しかし日本には、正式に結婚せずに産んだ子どもたちを連れて帰る場所などなかった。

朝鮮人養父の姓を引き継ぐ

多くの日本人女性がそうだったように、ワキは周囲の勧めで、木材の運搬の仕事をする朝鮮人のテン・ボクマン（大川三郎）と結婚した。テンとのあいだにも二人の子どもが生まれた。ところがそのテンも一九五一年に事故に遭い、死亡してしまう。

川瀬家族とテンとの生活はわずか三年足らずであったが、それは朝鮮人コミュニティに包摂されるきっかけでもあった。というよりも、朝鮮人になることがサハリンで生きるすべでもあった。川瀬家族は養父の姓を引き継いでテン家となり、米子はテン・ヨンハと名乗った。

困窮する生活のなかで、ワキの子どもたちは、学校にも行かせてもらえなかった。長女の信子は一六歳のときに年の離れた朝鮮人に嫁がされた。二女の度子《たいこ》も学校にも行けず、弟や妹たちの面倒をみる毎日であった。貧しさのあまり、一四歳になった度子は一六歳だと偽って、パルプ製紙工場で雑用係として働いた。

川瀬ワキ（1970 年前後、写真提供／川瀬米子）

朝鮮人の家庭で住み込み

ふたたび夫を失ったワキは途方に暮れただろう。ワキは七歳の米子を口減らしのために働きに出さなければならなかった。近所で縫製の家内工場を営む朝鮮人の金《キム》家に米子を預けた。残留日本人の家庭では、こうした事情で働きに出されたり、あるいは養子に出されたりすることは珍しくなかった。

米子が住み込みで働いた家庭では、三人の子どもの世話をするのが主な仕事であった。そのほかにも庭の掃除や水汲みまでやらされ、朝から晩まで働き詰めだった。主人は厳しい人で、寝坊すると「馬に食わせるほど食べて、いつまで寝ているのか」と怒鳴って叩き起こした。

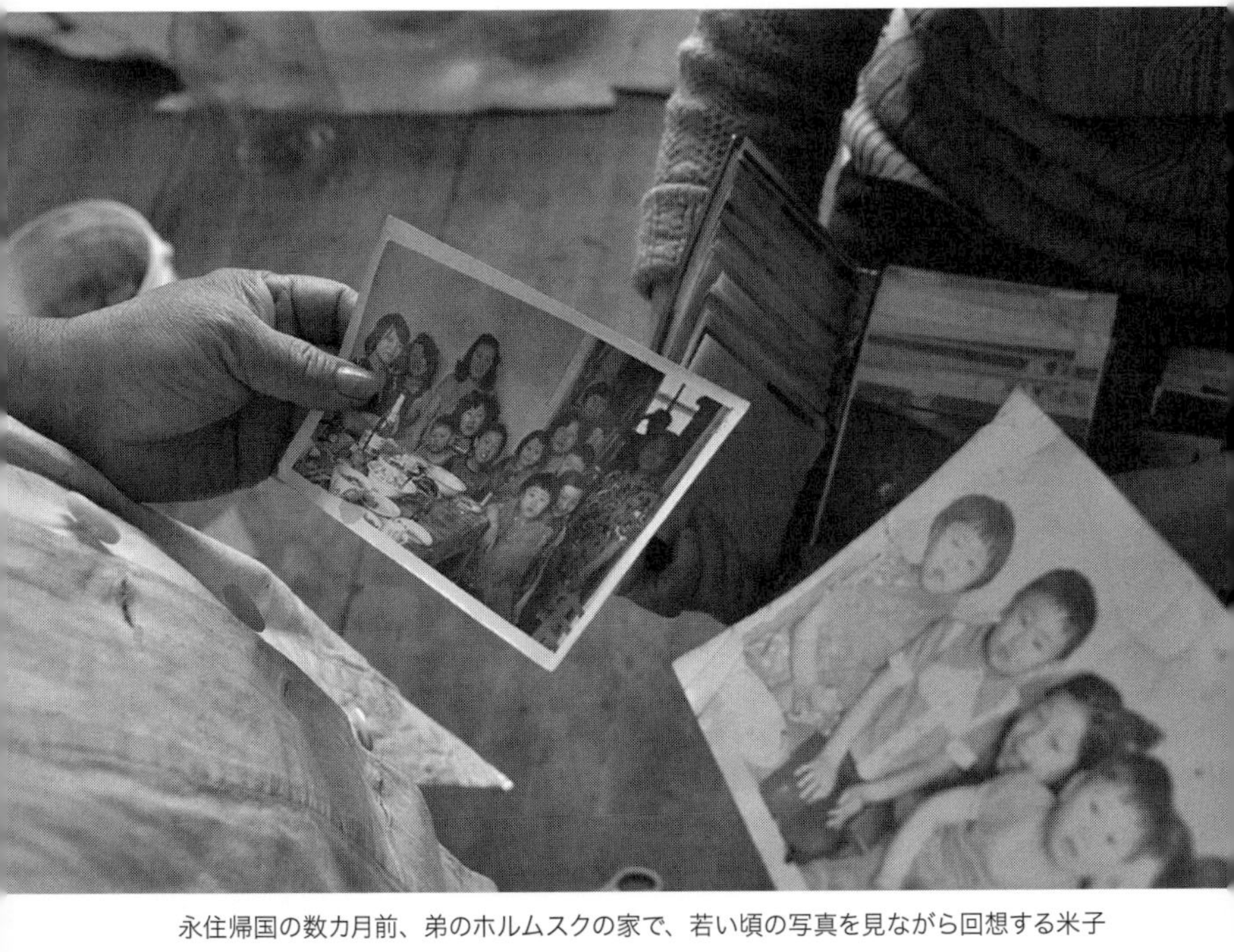

永住帰国の数カ月前、弟のホルムスクの家で、若い頃の写真を見ながら回想する米子

それでも家に戻るつもりはなかった。米子はふわふわのパンとバターに目を丸くした。ここにさえいれば、仕事がきつくてもお腹をすかすことはなかった。当初は学校に行かせてもらえなかったが、近所で「あの小さいカレヤンカ《朝鮮人》の女の子は学校にも行かずに、女中をしている」と噂になった。米子は一〇歳になってようやく朝鮮学校に通うことができた。

戦前からサハリンには多くの学校があり、一九四九年に前期集団引揚がひとまず終了するまで日本学校が存続した。敗戦直後には朝鮮学校も各地に設立された。戦後日本に引き揚げなかった残留日本人は、朝鮮人コミュニティに包摂され、朝鮮学校で学んだ子どもたちが少なくない。

米子が朝鮮語を流暢に話せるのも、「チョッパリ」（日本人に対する蔑称）といじめられながらも朝鮮学校で学んだからである。朝鮮語の習得には大変苦労したが、学校は楽しかった。子どもたちはみんな踊りが好きで、扇子を使った伝統の踊りなどの大会もあった。朝鮮民族のチマチョゴリでパレードにも参加したが、米子はこうした雰囲気のなかで学校生活を送った。

一九五六年一〇月に日ソ共同宣言が発表され、それによってソ連地区の「未帰還邦人」を対象にする後期集団引揚が開始された（二三一ページ参照）。一九五七年八月の第一一次から五九年九月の第一八次までがサハリンからの引き揚げとなった。この期間に、七六六人の日本人女性と、一五四一人の朝鮮人の夫と子どもが日本に引き揚げた。

米子が住み込んだ朝鮮人一家も一九五九年に日本に引き揚げた。三人の子どもと、朝鮮人であった前妻とのあいだの長男夫婦（妻は日本人）とともに日本に引き揚げたのである。

米子は、自分が子守をした主人宅の子どもたちをいまでも忘れられない。引き揚げの直前に撮った子どもたちの写真は宝物のように大切に保管している。二〇〇九年、永住帰国して所沢の中国帰国者定着促進センターに入所しているとき、主人の長男の妻だった人（帰国後離婚）が訪ねて来てくれた。五〇年ぶりの再会であった。

朝鮮人一家が日本に引き揚げてからは、米子はサハリンに残ったその一家の二男と長女のもとで子守をしながら転々とした。一六歳まで六年間、学校で学んでから縫製の仕事に就いた。周囲のロシア人から「あなたたち朝鮮民族は縫製が上手だ」と勧められたからだ。米子は言われるままにしたがった。確かに、小柄で手先が器用なのでこの仕事が向いていると思ったのである。それから二一年間は縫製の仕事で生計を立てた。

国籍に翻弄されて

ワキ一家は、一九五一年に大黒柱（テン・ボクマン）を亡くして生活が苦しくなると、五四年にソ連の国籍を取得した。一方、米子の、六一年に結婚した最初の夫は朝鮮民主主義人民共和国（北朝鮮）の国籍であった。一九五〇年代後半から、ナホトカにある北朝

米子（右）と度子（2015年、撮影／玄武岩）

鮮の領事館員がサハリンを訪れ、サハリンの朝鮮人に北朝鮮国籍を取得するよう勧めた。前夫はこれに応じて北朝鮮の国籍に切り替えていた。韓国との国交がない冷戦のまっただなか、無国籍状態から逃れるためにもそれはひとつの選択肢であった。

米子はソ連国籍であったが、北朝鮮国籍の夫は半年ごとにパスポート（身分証明書）を更新しなければならなかった。米子は、無学であった夫に代わり申請書を書いた。そのたびに北朝鮮領事館からは、「金日成首領の名誉のため、祖国（北朝鮮）へ行くべきです」という手紙が送られてきた。

夫婦のあいだには長女が生まれたが、夫は頻繁に暴力をふるったので、一九六九年に離婚して翌年にいまの夫・レフと再婚した。同い年のレフは、六三年にジョージア人の前妻とホルムスクに移住するが離婚し、そこで米子と出会った。どちらも二度目の結婚であった。レフは朝鮮学校を卒業した。朝鮮学校は中学校までしかなく、大学への進学を考えていたのでロシア学校の高等部に入学した。ロシア語があまりできなかったので中学校の最後の課程をもう一度やり直した。大学に入ったレフは、結婚して子どもが生まれたので、学業をあきらめて働き始めた。

ところで、米子の前夫が亡くなってから一〇年が経ち、長女がパスポートを申請すると北朝鮮のパスポートが渡された。驚いた米子といまの夫が長女を自分たちの籍に入れて北朝鮮のパスポートを返納しようとしたが、北朝鮮領事館からの返事はなかった。

幸いにも、ちょうどこのとき父母両方の国籍が選択できるように法律が変わり、長女はソ連国籍を取ることができた。そのおかげで長女は大学に通うことができたと米子は安堵する。米子には、いまの夫とのあいだにも二女がいる。

　米子は二一年間縫製の仕事をした後、サハリン州漁業航海船管理局の工船作業員であるいまの夫の船に一八年間乗った。最初は人事課に勤務したのであるが、「(船に乗ったのは)夫をとられないためだ」と冗談交じりに語った。船に乗って海外に出る許可を得られる仕事に就くことができたのは、縫製の仕事をまじめに勤め、優秀なソ連共産党員として認められたからであった。

　一九九〇年には韓国・釜山《プサン》で船舶の修理を行うことになった。当時の韓国は、八八年にソウルオリンピックを開催して経済が発展していることは知っていたが、実際に歩いた釜山の発展ぶりには驚かされた。米子夫婦は朝鮮語ができたので、上司を連れて慶州にも足を伸ばした。なによりも「本場」の料理は、サハリンの朝鮮人の料理とはひと味もふた味も違っていて感激した。

　後年、日本に永住帰国することになると、なぜソ連の国籍を取得したのかを説明しなければならなかった。言うまでもなく無国籍の状況では移動の自由もない。しかし日本の国籍を回復するためには、他国籍の取得が自らの意思でないことを説明しなければならなかったのである。ソ連国籍を取得する際には、後年こうした説明が求められるとは予想もしなかっただろう。

新潟の家族との連絡

　サハリンで二人の夫とのあいだに八人の子どもをもうけた米子の母・ワキの人生は苦難に満ち

ていた。それでも米子の兄の清は船乗りとして立派に成長した。その清が乗った船が一九六九年から偶然にも新潟港に出入りするようになった。清がワキにそのことを話すと、新潟の実家の住所を教えてくれた。ワキは実家の住所を一字たりとも忘れずに覚えていた。米子たちが「川瀬」という姓を知ったのもこのときが初めてであった。

船が新潟港に入港すると、清は港で誰彼かまわずつかまえてその住所を見せ、川瀬家の人たちを捜した。そして次の航海で新潟港に入港した際、「川瀬」と大きく書いたたすきをかけて港に立っていたら、伯父と伯母があらわれたのだ。前述したとおり、伯父であるワキの兄は、敗戦直前に樺太にひとり残された妹を連れ戻すために真岡に向かったものの、再会できずに無念にもそのまま引き返していた。その妹の息子が二五年ぶりに目の前にあらわれたのである。

清は新潟の親族から贈られたたくさんの土産を携えてサハリンに戻った。それをきっかけに母も新潟の家族と連絡をとることを決めた。手紙は近所の筆が立つ人に書いてもらった。しかしその手紙は新潟の家族に届くことはなかった。まだ日本とソ連のあいだには、冷戦という厳しい現実があった。清も二回ほど新潟で親族に会っただけで、一九七一年に病死した。こうして新潟との連絡は途絶えてしまった。

川瀬家と新潟の家族がふたたび連絡をとり合うようになるのは、ソ連が崩壊したあとの一九九〇年代であった。米子夫婦は仕事関係で親しくなった日本の海産物検査官に母・ワキのことを話した。彼は親身になって話を聞いた。そして東京からわざわざ新潟に足を運んで家族を捜してくれたのだった。彼は新潟の親戚から数枚の家族写真を持ち帰り、米子に渡した。一九九〇年の八月であったが、その二カ月前にワキは亡くなっていた。

ワキはその写真を目にすることができなかったが、ちょうどこの時期から日本サハリン同胞交流協会（二三四ページ参照）の活動により、日本への一時帰国が活発になった。一九九二年に米子の長姉の信子が一時帰国した際、新潟まで足を運んで従兄と会った。次姉の度子《たいこ》も九四年に一時帰国して新潟を訪ねている。新潟の親族は、川瀬家族の一時帰国の際にはたびたび迎え入れてくれた。九九年に信子が永住帰国する際も従兄が身元保証人を引き受けてくれた。

夫の命を救った永住帰国

一九九〇年代になると米子もたびたび日本へ一時帰国するようになった。先に永住帰国した信子に続き、二〇〇三年頃には米子も永住帰国を希望するようになったが、決心はなかなかつかなかった。姑を残して帰国するわけにはいかなかったのだ。

米子の夫は戦前生まれなので、夫婦は韓国に永住帰国することも選択肢としてはあった。夫の姉も韓国に永住帰国している。姑は韓国への永住帰国をさほど望んでいなかった。日本への永住帰国について切り出すと、日本に行くなら息子と別れて行けと言われた。姑は韓国に永住帰国することになると、住居の関係で療養院に入らざるを得なかった。

二〇〇八年春、その姑が韓国に永住帰国した。韓国の安山に夫と永住帰国した姑の長女、つまり米子の義理の姉が特別な許可を得て母を呼び寄せ、二人一組となるマンションで同居することになった。米子が日本への永住帰国の話を持ち出すと、夫は快く受け入れてくれた。翌〇九年、こうして米子夫婦は二女の家族を同伴して日本に帰国した。事故や病気で次々と家族を亡くして失意のなかにあった次姉の度子も、このとき一緒に永住帰国した。

二女は、朝鮮人の夫と二人の娘と一緒に日本で生活することになった。二女の夫の親は韓国に永住帰国している。川瀬家もまたサハリンと札幌、そして韓国に離れ離れになって暮らすことになったのだ。

川瀬夫婦と二女家族は、所沢の中国帰国者定着促進センターをへて北海道に定着した。道営の東《ひがし》苗穂《なえぼ》団地（札幌市）に入居が決まった。二女夫婦も同じ団地での生活だ。同伴の家族は、親を扶養するとの誓約書を書かなければならない。

永住帰国してからまもなく夫が体調をくずし、病院で検査を受けた。すぐにでも心臓手術が必要な状況であった。手術は一二時間にもおよんだ。これまで病院の世話になったことのない健康な身体だったのでショックは大きかった。医療サービスが整っていないサハリンであったらおそらく助からなかっただろうと、夫婦は思う。

夫は、ロシアで育ち、家族が韓国に永住帰国しているが、「どこに住むかはもう関係ない」と思っている。日本は自分が再生した場所なのだ。米子が永住帰国させてくれた日本につねに感謝の気持ちをあらわすのもそのためだ。

二〇一四年九月、韓国に永住帰国した姑が他界した。連絡を受けると、米子夫婦はすぐに安山に向かって葬儀を終えた。遺骨は札幌に持ち帰り、その後サハリンに行って舅の側に安置した。米子夫婦は、自分たちの墓もそこにつくることを決めている。

二世・三世の日本社会への適応

川瀬夫婦は日本の生活にとても満足しているが、ひとつ心配事がある。同伴した二女家族の将来が気になって仕方ないのだ。子どもの頃から働き詰めで、あまり勉強ができなかった米子は、娘たちはなんとしても大学に行かせてやりたかった。幸い二人とも大学を卒業し、専門職についた。

その二女がいまは日本での生活に挑んでいるのである。仕事をするためには、まず日本語を覚えなければならない。帰国者二世の場合、言葉の壁が大きく、これまでロシアで就いていた仕事を続けることはなかなか難しい。日本語が話せないから仕事ができず、仕事がないと日本人と交わることもなく、日本社会への参加

川瀬米子・レフ夫婦（撮影／玄武岩）

が妨げられる悪循環に陥って、日本語がなかなか身につかないのだ。

傍らで見ている米子は、娘夫婦がこの壁を乗り越えられるかどうか心配なのだ。孫娘たちの教育も気になる。朝鮮語がまったくできないまま朝鮮学校に入学した米子にとって、その苦しい思いは身にしみている。日本に連れてきた孫たちがしっかり学校に通い、大学に入ることが祖母としての切なる願いだ。

大人と違って子どもの言葉の習得は早いので、三世の場合、あまり問題がないように見える。しかし「話す言葉」と「読み書きする言葉」は同じではなく、とくに学生といえども漢字には大いに悩まされる。高校や大学への進学になると、日本人生徒とは不利な条件で厳しい競争に立たされる。

一九八〇年代に中国帰国者が日本に永住帰国すると、さまざまな家族の問題が浮上した。とくに重視されたのが教育問題で、八八年に国立大学は「中国引揚者等子女特別選抜」を実施するようになった。「中国引揚者等」に含まれるサハリン引揚（帰国）者は、「中国帰国者支援法」（二三五ページ参照）と同様に、こうした法制度の対象となった。しかし近年は、中国からの帰国者が減ることで、ほとんどの大学で中国引揚者向けの特別選抜枠を廃止する方向に向かっている。

北海道でも帰国者への配慮は少なく、中国引揚者特別枠の必要性を認識する大学は少数である。一例として、小樽商科大学が中国引揚者特別枠を設けている。高等学校は一校のみ、二〇〇八年から特別枠を設けている。このような状況で孫たちがほんとうに大学に行けるのかと心配しなが

川瀬米子

ら、米子は同伴した家族を見守ってきたのである。

アリーナとアリーサの学校生活

米子の孫娘、姉のアリーナ（菜摘《なつみ》）と妹のアリーサ（優佳《ゆか》）。二歳違いの彼女たちは、それぞれ一五歳と一三歳のときに両親・祖父母とともに「帰国」した。日本に移住するまでは、祖母が日本人であると考えたことはなく、家には日本式の習慣や伝統もなかった。

母から「日本に住むのはどう？」と聞かれたとき、妹のアリーサは「いいじゃない」と答えたが、姉のアリーナはあまり気が進まなかった。中学卒業まで残すところ一年であったアリーナは、「途中でやめて日本に行くのはもったいない」と思っていた。

結局、家族全員が日本に移住することになって、所沢の中国帰国者定着促進センターで生活をしていたときは、姉妹はまるで夏休み中の気分であった。新しい生活、新しい環境、新しい友達……。新鮮さにあふれる「初めての日本」は印象的で、日本語の学習もさほど難しいとは感じなかった。ある意味、中国帰国者定着促進センターで彼女たちは「お客さん」という意識であった。

しかし、札幌に落ち着くことになると状況はがらりと変わった。あまり日本語ができないまま中学校に通い、日本人の生徒と同じクラスで、同じプログラムで勉強することになった。それは数十年前に朝鮮学校からロシア学校に移ったときの祖父（レフ）の経験と重なる。

そもそも日本の義務教育において、実際の年齢より下の学年に編入することは原則認められない。北海道では柔軟に対応しているのか、アリーナとアリーサは一年下の学年に、それぞれ中学校の二年生と一年生として入った。外国人生徒への支援は、それぞれの学校の裁量にゆだねられているのである。それは裏を返せば、外国人を受け入れる支援体制が整っていないことでもある。

アリーナとアリーサの場合、幸い担当教師の理解もあって、テストで辞書の使用を認められたり、あるいはテストを別に受けたりすることもできた。「社会科の先生は漢字にふりがなをつけて私が読めるように気づかってくれた」と、アリーサは感謝の気持ちを込める。放課後に「子ども日本語クラブ」というボランティア団体が来て、週一～二回日本語講習を行ってくれたことが、授業に追いつくうえで大いに役立った。

さらにアリーナやアリーサは、毎週土曜日にカーサ（CaSA）で勉強をしてきた。カーサとはChild-assist Sapporo Associationの頭文字。スペイン語やポルトガル語では「家」という意味にもなる。団体の名称には、札幌の外国人・帰国定住者やその子どもの存在を大切にしつつ、この地域で暮らしながら、「ここで学んで良かった」「この地域が私たちの家なんだ」と胸を張って言えるような経

アリーサ（左）とアリーナ（撮影／玄武岩）

験を提供したいという思いが込められている。

カーサの具体的な活動には、外国人の子どもの学習、進路、進学、コミュニケーションのサポートがある。さまざまな国の子どもが参加しているが、サハリンからの帰国者の子どもたちが多数である。

高校・大学を目指して受験

さまざまなサポートがあっても、本人たちが一生懸命勉強しても、高校の一般入試のハードルはなお高い。アリーナは、国際関係を学べる高校への入学を希望していた。引揚者のための制度はほとんど期待できない。入学には帰国子女枠を利用することにした。

それは、本人が日本のパスポートをもち、親の仕事の関係で三カ月以上海外で学校に通い、日本に帰国して通学するという基準を一応満たしているから可能だった。とはいっても、この制度はあくまでも「帰国子女」のための制度であり、引揚者（帰国者）を想定したものではなく、決して楽な挑戦ではなかった。結果的にはうまくいって、アリーナは無事に高校に入学できた。

安心したのも束の間、次は大学入試を目指すので、必死に勉強をしなければならない。高校一年のときから希望に沿う大学の検討を始めた。ロシア語ができて、英検の一級をもち、日本語のレベルもみるみるうちに上達したアリーナは、進路を外国語あるいは国際関係に定めた。

中国引揚者特別選抜を実施するいくつかの大学に問い合わせたが、来年か再来年には制度を終了するという返事ばかりであった。中国帰国者は大幅に減ったが、北海道にはサハリンからの帰国がまだ続いている状況はほとんど理解してもらえない。

帰国者の子どものことを理解してもらおうと、アリーナはもちろん、アリーナが通う高校の校長、そしてカーサや北海道中国帰国者支援交流センターは、中国引揚者特別選抜がある大学にその延長を求める手紙を送った。しかしそのすべての大学から制度の廃止予定に変更はないという答えが返ってきた。

その後、アリーナはいくつかの大学を検討し、最終的に秋田の国際教養大学を選んだ。カーサのサポーターの支援を受けながら試験の準備に没頭したアリーナは見事合格した。二〇一五年四月から、秋田での新しい生活がスタートした。

アリーナの高校入学の一年後、妹のアリーサも同じ高校に入学した。大学入試にチャレンジするアリーサは、これから全力で受験勉強に取り組まなければならない。将来は観光の分野で働きたいと思っている。

アリーサも毎週土曜日にはカーサに顔を出す。ボランティアの大学院生のサポートを受けながら観光についての勉強をしているが、それだけが目的ではない。日本語を身につけたアリーサは、日本人の学生にロシア語を教えているのだ。

カーサで勉強する中学生や高校生は、日本語が上達すれば今度は教える側にまわることもある。

同じ国からきた子どもたちに母語を使って日本語を教えたり、日本人の子どもにロシア語を教えたりするのだ。アリーサはここでロシア語を教える経験を積んでいる。

自分は何者かを問い続けて

アリーナとアリーサは学校生活をとおして日本社会に適応している。しかしいまだに大きな疑問を抱えている。いったい自分は何者なのか。

戦前の日本統治時代にサハリンで生まれた世代は、日本人として育ち、朝鮮学校というコミュニティで朝鮮人として生き、あるいはロシア社会に組み込まれることで複数のメンタリティを合わせ持っている。どのアイデンティティが強く打ち出されるのかは、それぞれの境遇によって異なるが、多くの場合それは受け継いだ血統とは関係がない。

両親・祖父母とともに日本に「帰国」することになった孫世代の場合、上の世代とは違うかたちでアイデンティティの問題に直面している。これらの若い世代は、自分を何者だと思っているのだろうか。その返事はひとつではない。育った環境が同じで、年も近いアリーナとアリーサの二人でさえ異なる返事が返ってくる。

妹のアリーサの母語はロシア語で、朝鮮語は得意ではなかった。それでも自分は朝鮮人だと思っている。「何人?」と質問をされるときは、韓国人と思われないように「ロシアから来ました」と返事するが、自分がロシア人だとも思わない。

「ロシア語は私の母語。だが、私にはロシア人の血は一滴も入っていない。日本人の血が入っているけど、家の習慣、伝統などは朝鮮式。食べ物からお祝いまで、すべて朝鮮スタイルでやっている。私はカレヤンカ」。日本に来てからはとくにそう思うようになった。

じつは、進学先は韓国の大学も考えていた。父方の祖母も韓国に永住帰国しているので、生活はしやすいし、高校で朝鮮語も勉強している。ただ、韓国の大学に行くと、将来は韓国で生活することになるかもしれないが、かならずしもそうしたいわけではない。

最終的には日本の大学に決めた。「韓国に留学はしたいけど、これから一番勉強したい言葉は英語」とアリーサは話す。当初は、ロ

カーサでロシア語を教えるアリーサ

シア語を生かした仕事はあまり考えていなかったが、いまはそれもひとつの選択肢になりえると思っている。

姉のアリーナは、ロシア語ができることは大きなプラスになると思い、ほかの人よりさまざまな言語で情報を得ることができると確信している。これからもロシア語を使いたい。五年間日本で生活し、日本語も達者になったアリーナは、高校では第二外国語として朝鮮語を学んだ。だからといって自分が朝鮮人だとは思わないし、ロシア人や日本人だとも思わない。

「私は多面体だ。角度によって、光によって見える面が違う」。これがさしあたり自分に下した答えだ。彼女の母語はロシア語、家族の伝統は朝鮮式で、母方の祖母が日本人であることで現在は日本で暮らしている。すべての文化が自分のなかで混在していると感じているアリーナ。

これからどこへ向かっていくのかはまだわからない。日本、ロシア、韓国とかかわりながら働くかもしれないが、アフリカなどの地域でも自分を試したいと思っている。

アリーナとアリーサのような帰国者の子どもや若者たち。ときによって、ロシア人、日本人、朝鮮人になり、ときによって「何人でもある」。彼女らは三つの国にまたがる人材であるだけでなく、その異文化を受けとめる力や伝える力は大きな可能性を秘めている。

「永住帰国」の道を切り拓いた人生——須田百合子

だれもが知っている顔

日本サハリン協会の一時帰国歓迎会や総会で通訳として欠かせない人がいる。専門の通訳士にも劣らない格調のある流暢な日本語で会の運営を切り盛りするのが、自らも帰国者である須田百合子だ。通訳の仕事に限らず、百合子は永住帰国後の人生を、サハリン残留日本人とともに歩んできた。

百合子は一九九六年に独身の二男と三男家族を連れて北海道の江別市に定着した。それは、一九九〇年代に日本サハリン同胞交流協会（現日本サハリン協会、二三四ページ参照）によるサハリン残留日本人の一時帰国が一段落し、永住帰国がいよいよ本格化しようとする初期の段階であった。百合子は数回の一時帰国の機会を得て日本の戸籍を回復し、家族そろっての永住帰国を実現させた。

ただし、サハリンからの家族同伴の永住帰国は前例がなく、埼玉県所沢市の中国帰国者定着促進センターの受け入れ態勢も整っていなかったので、須田一家は入所せず、そのまま江別に定着した。これからサハリン残留日本人の同伴家族の帰国が可能かどうかの展望が、須田一家に託されたのだ。百合子は、江別に定着し落ち着くまでのあいだ「ずっと試験中のような気持ちだった」と、当時の心境を語る。

江別に定着してから、子どもたちは一カ月のうちに仕事に就くようにと指導された。百合子は毎日夜中の二時まで必死に日本語を思い出しながら勉強し、家族にも教えた。急ごしらえの日本語であったが、二年後には子どもたちは自立していた。

中国帰国者定着促進センターはそれ以降、ロシアからの帰国者を受け入れるようになった。それには百合子の力が欠かせなかった。「あなたの経験を活かせる仕事を、四カ月ぐらいしてみないか」。百合子はサハリン同胞交流協会からこのように誘われ、所沢の定着促進センターに赴いた。定着促進センターでの仕事は、生活相談員から通訳までさまざまであった。四カ月はいつのまにか二年になっていた。日本に定着するサハリン帰国者を手助けする仕事はやりがいがあったが、やはり子どもや孫がいる北海道に戻ることにした。

北海道に戻ると、今度は、北海道自立研修センター（二〇〇八年から北海道中国帰国者支援・交流センター）の生活相談員や札幌市が行う自立支援通訳等派遣事業の自立指導員、樺太帰国者日本語教室の日本語教師を頼まれた。これまで言葉を教える経験などなかった百合子は、また必死に毎日勉強しなければならなかった。

次々と押し寄せてくる帰国者に日本語を教え、北海道自立研修センターで八年も働いた。「もう十分働いた。休んでもいい」。百合子は自分にこう言い聞かせて、日本語教師の仕事を辞めた。

とはいえ、その後も日本サハリン同胞交流協会の役員に請われ、一時帰国者の出迎えや通訳などの仕事をこなしているので、永住帰国者や一時帰国者のあいだで須田百合子を知らない人はいない。

逃避行の記憶

須田百合子は一九三五年一〇月に塔路《とうろ》(シャフチョルスク)で生まれ、生後まもなく朝鮮人の家庭に預けられた。敗戦時は九歳であった。このときの記憶はとてもつらいものだ。

ソ連と国境を接する樺太(サハリン)は、ソ連の動向には敏感だった。ただ、一九四一年に日ソ中立条約が締結されたため、ソ連軍が進攻する恐れは絶対にないと多くの人が思

日本サハリン協会の総会で発言する須田百合子

い込んでいた。しかし、四五年二月のヤルタ会談では、ドイツ降伏後三カ月を経てソ連が対日参戦することが取り決められた。五月八日にヨーロッパ戦線が終息すると、八月八日にソ連は日本に宣戦布告し、翌九日に「満州国」、樺太南部、朝鮮半島、千島列島への進攻を開始した。八月一五日に「玉音放送」があっても、百合子の養父は敗戦を信じないひとりだった。しかし八月一六日にはソ連軍が塔路の海岸から上陸した。その日の夜明け、「避難だ！」という親の叫び声や、炎に包まれた町をいまでも鮮明に覚えている。

当時、小学校四年生だった百合子は「避難」という言葉をよく理解していた。この年、学校ではあまり勉強をせず、避難訓練ばかりやっていたのだ。小柄な百合子は「けが人」の役をしていた。だが、実際の避難は訓練とはちがっていた。

塔路の住民は続々と避難を始めた。百合子も養父母とともに「内恵道路《ないけい》」をたどって「樺太東線」を南下して大泊《おおとまり》（コルサコフ）に向かい、そこからなんとか北海道へ脱出ができるだろうと見込んでいた。樺太から北海道へ渡るには密航船に乗るしかなく、撃沈される危険を覚悟しなければならなかった。

「内恵道路」は内路《ないろ》村（ガステロ）から恵須取町（ウグレゴルスク）までの道で、敗戦時に逃避行をした人びとのあいだでは「死内恵道路」とも呼ばれた。東線に接続する内路までは、バスの運行も中断していたので、徒歩で移動するしかなかった。

ソ連軍機の空襲を避けるため、夜に移動し、昼間は山のなかに隠れた。蚊が多くてじっとしていられない状況で、満足に休むこともできないまま逃避行が続いた。わずかな米だけを背負って歩いたが、飯炊きのために川に出たり、火を使用したりすると銃撃にさらされた。なんとか飯を炊いても、ろくに食べることもできずに歩き続けた。

戦闘機の機銃掃射にもたびたび見舞われた。空が真っ黒になるほどの編隊で襲ってきて、多くの人が命を奪われた。百合子は運よく撃たれなかった。学校で習ったとおりに、うつぶせになって頭を防いでいた。背中におぶった子どもが盾になって生き残った女性は、半狂乱になっていた。

避難の途中で家族とはぐれたり、捨てられたりした子どもや老人が行き場を失って立ちつくしていた。父親とどこではぐれたのか、風呂敷にくるんだ双子を抱いたままさまよう

敗戦時の逃避行について語る

母親がいた。「こうした光景はいまでも忘れられない」と、百合子は悲惨な逃避行を振り返る。

北海道への脱出ならず

数日間歩いてようやく内路の駅にたどり着いた。そこで百合子は初めて日本の兵隊を見て、恐怖に身を震わせた。「ああ、ここは日本だ」と思った。兵隊は「子どもと老人だけが乗れ」と大声を発し、避難者を二つのグループに分けた。男は汽車に乗ってはいけなかったので、そこで養母と百合子は養父と別れることになった。

しかし、豊原《とよはら》（ユジノサハリンスク）駅は爆撃されたため、乗車した人たちも大谷《おおたに》（ソコル）で降ろされた。しばらく避難所に泊まって、空襲のときは裏山に逃げた。食べ物は、朝はおにぎりひとつ、夜におにぎりひとつ、それに鮭一切れがついた。鮭は、町中が炎に包まれたせいか燻製になっていた。おにぎりと鮭をお湯に入れて、お粥をつくって食べた。

養父と別れる際、汽車から降りたら駅で待つように言われていたが、その約束を果たせなかった。養父は、次の汽車の屋根に乗って大泊に向かった。各駅で家族を捜しまわったが、みつけられず密航船に乗って北海道に渡った。しかし、北海道に脱出した親戚に妻と百合子の消息を聞いても、だれも知らなかったので、父はふたたび密航してサハリンに戻った。このように家族を捜すために「逆密航」する人も少なくなかった。

八月二三日に大泊港が閉鎖され、ソ連軍から元の居住地に戻るように命令された。養母と百合子は家に戻らざるを得なかった。自宅に戻る途中の道ばたには多くの死体が転がっていた。

「道の真ん中だけ歩け」と言われても、疲れがくると体は左右に揺れた。道の両端に近づくと蠅が大群で飛び回り、遺体に被せたむしろからは、地下足袋と脚絆がはみ出ていた。逃避行以上に辛い帰路となった。

しばらく歩くと、ソ連の軍人のトラックが通りかかったので乗せてもらった。そのとき初めてロシアの黒パンを口にした。軍人がくれたパンは酸っぱくて食べられそうになかったが、銃をもっているので、殺されるのではないかと思い、無理やり口に詰め込んだ。でも軍人は優しく、「寝てもいいよ」というしぐさで安心させてくれた。

車に乗ったことで帰り道はかなり短縮されたが、それでも一カ月はかかった。二カ月後には養父も帰宅した。養父は家族が倒れてはいないかと思って、死体を一つひとつ確認しながら帰ってきたので、時間がかかったそうだ。自宅の半分はロシア人家族が占めてみすぼらしい暮らしになったが、ようやく家族がそろって、新しい環境で生活をすることになった。

サハリンに残されて

百合子の母は、百合子を身ごもったまま、姉の順子を連れて一九三五年に北海道の美唄《びばい》から樺太の塔路に移住した。父が炭鉱関係の仕事をしていたので、ある炭鉱の長屋で暮らすことになったが、父はめったに家に戻らなかった。同年、百合子が生まれると、経済的に追いつめられた母は、百合子を知り合いの朝鮮人の家庭に預けた。

養父・金三京は日本で生まれた朝鮮人だった。戦前、エツコと呼ばれていた養母は、戦後になると金龍仙という名前を使った。もしかしたら日本人だったのかもしれない。二人には子どもがなかった。養父母のもとから通った小学校では、須田百合子の名前を通した。そのせいか、本人はしばらく意識しなかったが、小さい頃から「もらいっ子」といじめられ、養母がとても怒っていたことを覚えている。

養父母からは、食事のマナーや挨拶などを厳しくしつけられた。百合子は「起きたら親に挨拶、出かけるときに跪いて挨拶、お客さんが来たら挨拶。食べ物は自分の前のものしか食べない」と言い聞かされた。それでもその頃は、よくお腹がすいていたのでつまみ食いをした。

養母と実母は知り合いだったので、養子に出されても実家とは往き来があった。とくに実姉(順子)がよく遊びに来てくれた。百合子が三年生のときに姉は、「じつは、おばさんと呼んでいる人が母で、母と呼んでいる人がおばさんだよ」と教えてくれた。北小沢《きたこざわ》(テリノフスク)に暮らしていた実母も時折、百合子の着物を縫って届けに来ていた。百合子は事実を知っても、怖くて養母にそれを確かめることができなかった。

ソ連軍の参戦で北海道に脱出するときも、姉が「いっしょに帰ろう」と連れ戻しに来たが、養父母に怒られるのが怖くて百合子はついて行かなかった。しかしそれにはもうひとつ理由があった。養父母の家庭は厳しかったが、一人っ子として大事に育てられた百合子には、自分の布団と茶碗があった。実母のところに行くと、七人の子どもがみんなで雑魚寝している。そのような生活には耐えられないと思った。

実の家族は運よく塔路の海岸から密航船で北海道に逃れることができた。二カ月におよぶ命がけの脱出であったが、ようやくたどりついた札幌では引揚証明書もなく、札幌駅構内で寝泊まりする毎日であった。あげくに母は病に倒れ、長女の順子が赤ん坊をおぶって闇米を運ぶなどしてなんとか食いつないだ。そうした厳しい生活のなかでも、順子は百合子をサハリンに残してきたことを無念に思い、捜し続けた。

百合子は、実の家族は日本に無事たどりついたと信じて養父母と暮らした。ソ連地区米ソ引揚協定により、一九四六年から四九年のあいだに行われた前期集団引揚（二二〇ページ参照）では、養父が朝鮮人だったので日本に引き揚げることができなかった。

百合子が一四歳になったとき、養父母のあいだに娘（金悦子）が生まれた。この妹とは年の差があったので、百合子には自分の子どものように思えた。妹は二〇〇〇年代初めに韓国に永住帰国したが、お互いに支え合いながら生きてきた。

百合子は物心がついてからは、養子に出されたことに心を痛めた。厳しかった養父母を憎んだりもしたが、自分が母親になると許せる気持ちになった。養父母の厳しい教育がなかったら、波乱に満ちた人生を乗り越えることができなかったと思っている。むしろいまは感謝している。

朝鮮人として生きる

戦前の樺太には日本の学校しかなかった。戦争が終わると、ソ連の人びとが移住を始めた。日本人の引き揚げがまだ始まっていなかったので、ロシア人が間借りをして日本人と同じ家で暮らすことも多かった。そして、早くも一九四五年にはロシア人移住者のための学校が開校する。戦前の塔路には二つの小学校があった。敗戦後、一校はソ連（ロシア語）の学校になり、日本人の子どもたちはもう一校に集められた。

各地に朝鮮学校もできた。故郷に帰ることを待ちわびる人たちは、その日に備えて子どもたちに朝鮮語と朝鮮文化を学ばせようとしたのだ。樺太時代に日本の学校に通った子どもたちは朝鮮語よりも日本語に慣れていた。

南サハリン（樺太）では、日本学校は一九四九年の日本人の引き揚げが終わるまで運営されたが、塔路の場合は四六年に日本人がほぼいなくなり、閉校となっていた。そこに朝鮮学校が開校した。朝鮮人はもちろん日本人の子どもの一部も、朝鮮学校に通うことになった。

百合子の学年は、敗戦の年にほとんど勉強ができなかったので、もう一度四年生をやり直した。朝鮮学校ができてからは、百合子と多くの同級生も朝鮮学校に行くことになった。

朝鮮学校六年生の頃

朝鮮学校では、朝鮮式の名前を使用しなければならなかった。多くの場合、日本名をそのまま朝鮮語読みにすれば済んだが、三文字の百合子は朝鮮語読みにするとすわりが悪い。それで、姉・順子の一文字を借りて、順愛《スネ》という朝鮮式の名前をつけてもらった。金順愛という名前になかなか馴染めず、最初は学校で呼ばれてもぽかんとしていた。

百合子の養父は朝鮮人だったが、日本で生まれていたので、朝鮮に帰るという希望はさほど強くなかった。戦前から朝鮮語はまったく使わなかった。日本学校が朝鮮学校に変わると、家庭で朝鮮語を使用しない百合子のような子どもはとくに大変だった。

小学校６年生の頃の写真

百合子も朝鮮語を一言も話せなかったが、負けず嫌いだったので必死になって勉強した。「絶対ちゃんと身につけてやる」。そう決めた百合子は三年間で朝鮮語を覚えて、優秀な成績で学校を卒業した。朝鮮学校の教師からは、家庭内ではなるべく朝鮮語を使用するようにと指導されたので、百合子も家では日本語と朝鮮語を半々で話すようになった。日本に帰国するまでは日記もハングルで書いていた。

教師はとても熱心だった。子どもたちに朝鮮語や一般科目を朝鮮語で教えていたが、教師自身が朝鮮語で授業を受けたことがなく、多くの問題を抱えていた。最終学年になると、大陸から高麗人（二二三ページ参照）の教師がやってきた。それに合わせてロシア語の授業も始まった。

百合子の場合、ロシア語はブクワーリ（イロハ）しか覚えることができなかった。朝鮮学校は七年生までしかなく、引き続き勉強したければロシア語で学ぶ一般高等学校に進学するしかなかった。高校に進学する同級生もいたが、大抵の場合、経済的な理由で男子生徒には「仕事」、女子生徒には「結婚」というレールが敷かれていた。

結婚と子育て

第二次世界大戦中に日本は朝鮮人労働者を強制動員し、多くの朝鮮人が炭鉱労働などに従事した。そのほとんどが男性だったが、戦争が終わっても朝鮮半島に帰ることができなかったため、戦後のサハリンには朝鮮人の独身男性はもちろん、独り身となった既婚男性も多かった。

これらの男性は戦時中に炭鉱で働いていたので、「お金があって、よい結婚相手になる」と、年頃の娘をもつ親たちに好まれた。戦後の混乱のなかでこうした結婚はブームのようになり、家族を養うためにも、若い女性は年上の朝鮮人と結婚させられることが少なくなかった。

百合子もそうしたひとりで、一五歳で一一歳年上の朝鮮人男性に嫁がされた。百合子は、少しでも家族の助けになりたい気持ちと、厳しい家庭から離れられるという期待から、結婚してもいいと思った。

とはいえ、生活状況がよくなることはなかった。夫の家族は朝鮮では由緒ある家柄で、結婚相手が純粋な朝鮮女性の金順愛だと思い込んでいた。それが、日本人であることを知り、婚家の人びとは異民族との結婚を許せないと言い出したのだ。

徐々に夫は暴力をふるうようになった。朝鮮人として育てられ、朝鮮学校を卒業した百合子にとっては理不尽なことであった。長男が生まれても、日本人の血が流れているからという理由で暴力をふるわれた。長女、二男、二女が生まれてからは多少落ち着いたが、暴力がやむことはなかった。

長男が三歳のとき全身に原因不明の皮膚病を患った。シャフチョルスクにはいい病院がなく、医療設備が整っているユジノサハリンスクの市立病院に子どもを入院させるため、思い切って転居することを決めた。そのとき、養父母と妹(金悦子)も引き連れていった。一九五六年のことだった。

長男の病気は改善する気配もなく、ユジノサハリンスク市立病院でも治療の手立てがなかった。次は大陸のハバロフスクの病院に入院することになった。百合子はユジノサハリンスクにいる家族とハバロフスクに入院している息子とのあいだで二重生活を強いられた。

一九五七年から五九年までの後期集団引揚(二三一ページ参照)では、日本大使館に嘆願書を送って家族全員の帰国許可書が下りたので、日本に引き揚げることも可能だった。しかし難病にかかって生死の境をさまよう長男を連れて帰ることができず、帰国を断念せざるを得なかった。

一九六〇年の二月に夫が肝臓の病気で他界した。その一カ月後に三男が生まれた。同じ年の七月には、病気だった九歳の長男が亡くなった。養父と養母も病気になり、その重荷がまだ三〇歳になっていない百合子にのしかかった。死んでしまったらどんなに楽だろうと思えるほどつらい時期だった。湖に飛び込むつもりで岸に向かったものの、怖くなって引き返すこともあった。

夫を亡くしてしばらくは貯金を崩して生活し、飢えに耐える日々が続いた。追いつめられた百合子は、九カ月の赤ん坊の面倒を五歳の長女に任せて仕事を始めるしかなかった。勤め先は縫製工場だった。それから百合子は三〇年間働き続け、勤続功労記章(長年の勤続・優良労働者に授与される勲章)を与えられた。

病に倒れ寝たきりとなった養父母も、百合子と悦子姉妹の懸命な看病も空しく、養父は一九六四年、養母は六五年に相次いで亡くなった。立て続けに起こる身内の不幸に押しつぶされそうになる百合子であったが、七四年には驚くべき出来事があった。サハリンを訪問した姉の順子と、百合子は二九年ぶりに再会したのである。

失われなかった姉の愛情

日本社会党は、一九七〇年から毎年サハリンに友好親善代表団を派遣していた。七四年に順子は代表団に参加して百合子と再会することができたのだ。姉妹が一緒に暮らしたことはなかったが、順子はいつも百合子のことを気にかけていた。

一九六〇年代になり、百合子は家族を捜したいという一念で、住所を札幌市だけにして、母や姉、妹らの名前を書いて手紙を出した。幸いにもその手紙は、空知《そらち》管内に暮らす姉のところに届いた。百合子は、戦前にサハリンで姉から、「母の名前だけはしっかり覚えておきなさい」と言われていた。姉の順子も、サハリンに残した妹のことを役所に話していた。そうした姉妹の思いが、奇跡的に二人をつないだのである。

順子の訪問後、百合子はどうにかして母の声だけでも聞きたいという思いにさいなまれた。自分を養子に出した母を恨んだこともあるが、厳しい環境で子どもを育ててきた百合子は、母のことを理解できるようになった。冷戦時代は国際電話の料金が高く、簡単にかけられるものではなかったが、百合子は母に電話をかけることにした。

電話越しに母の声を聞いた百合子は、それまで積もりに積もった思いを吐き出すようにしゃべり出した。短い時間にたくさんの話がしたかったのだ。でも母は、「ごめんね、ごめんね」とただ繰り返すだけであった。

百合子の母への思いは募るばかりであった。一九八〇年代にはソ連もペレストロイカ（改革・開放）の時代に入り、徐々に日本への一時帰国の道も開くことになる。複雑な手続きを終えて、札幌在住の夫の幼なじみの招請で百合子の一時帰国が実現したのは一九八九年の秋のことだった。ところが百合子が日本の地を踏むわずか二カ月前に、娘を待ち切れず母は他界した。この「遅かった再会」は、帰国者の悲劇を象徴する物語としてテレビ番組のタイトルにもなって視聴者の涙を誘った。

無国籍からソ連国籍へ

一九七四年の姉のサハリン訪問は、百合子の人生に大きな影響を二つもたらした。ソ連国籍の取得と河本美知男との結婚だ。

百合子は一九七〇年代は無国籍だった。朝鮮人やその配偶者となった日本人のサハリン残留が長引くと、これらの人びとの市民的権利の問題が浮上した。ソ連政府は一九五二年に閣僚会議の決議をとおして、ソ連国籍を認めることを決定し、解決をはかった。

しかし祖国への帰還を望む朝鮮人はソ連国籍の取得には慎重で、一九五〇年代まではまだ少数であった。また国籍取得をめぐっては、サハリン残留者や帰国者たちのあいだには多様なケースが存在する。早い段階でソ連国籍を取るように誘われた人もいれば、申請してもなかなかもらえない人もいた。百合子の場合、何度申請しても断られたケースだ。

一九七四年に姉の順子がサハリンを訪問したことを、当時一四歳だった百合子の三男は強く意識していた。そして学校で事件を起こすことになる。テストで一文字も書かずに白紙を提出すると、教師に問いただされた。「僕は伯母さんが住んでいる日本に帰るので、ここで勉強しなくてもいい」と息子は答えた。百合子は学校に呼び出されて、「あなたの教育は間違っている。あの返答が他の生徒にも影響を与える。国家公安委員会に訴える」と咎められた。

その時期サハリンでは、韓国への帰還を要求した人たちが北朝鮮に強制追放される事件が相次いでいた。まわりにもこのような人がいて、恐ろしくなった百合子は夜も寝つけなかった。そうならないためにも、ソ連国籍を取得しなければならないと思った。

百合子の職場でオビル（出入国管理事務所）も参加する会議が開かれ、息子の返答や百合子の教育の仕方が俎上にのせられた。「とてもよく働いて、ひとりで四人の子どもを育てている。なにも問題はない」と職場の人はかばってくれた。そこで百合子は勇気を出して、「無国籍の私の息子はここにいても将来がないから、そのようなことを言うのです」と発言した。「それならば早くソ連国籍を申請してください」と言われ、国籍問題は一段落した。

実際には、家族全員のソ連国籍が認められるまでに四年かかった。家族は順番にソ連国籍を取得したが、息子たちはパスポートを受け取った次の日に兵役に就くことになった。ちょうどその時期、ソ連軍はアフガニスタンに軍事侵攻した（一九七九年）。百合子の寝つけない夜が続いた。

サハリンを訪問した姉は帰り際に、「日本に帰ることを考えて、再婚するなら日本人として」と百合子に伝えた。姉のアドバイスのせいだったのかどうかはわからないが、実際そうなった。子どもたちが成長して一人ひとり自立すると、百合子は日本人残留者の河本美知男と結婚した。再婚どうしであったが、お互い支え合いながら、一九九六年に美知男が亡くなるまでともに暮らした。

美知男は大きな雑貨店の副支店長だった。一九九一年にがんの手術を受けたあとは退職し、副会長としてサハリン日本人会の仕事を手伝った。サハリン残留日本人の一時帰国を実現させるために、夫婦ともにボランティアとして活動したのだ。その後、夫婦はともに一時帰国することになり、永住帰国も計画するが、夫の死去で二人そろっての帰国は叶わなかった。

困難をきわめた永住帰国

一九四五年八月の敗戦時に北海道へ引き揚げることができず、四六〜四九年にも前期集団引揚の対象に含まれなかった百合子。日ソ共同宣言による五七〜五九年の後期集団引揚でも、長男の病気のため機会を逃した。それから三〇年後の八〇年代にようやく一時帰国の道が開き、八九年に百合子も一時帰国を果たした。

それから百合子は永住帰国も考えるようになるが、決して簡単ではなかった。まず戸籍を回復する必要があった。敗戦時の混乱と家庭の事情で、百合子の戸籍を確認できるものはなにひとつなかった。ソ連国籍を取得している場合、自らの意思によって日本国籍を離脱したものとみなされた。そもそも「サハリン在住日本人はいない」というのが日本政府の公式的な立場であった。

百合子はサハリン同胞交流協会の支援を受けながら、国費による一時帰国プログラムを利用してたびたび日本を訪れ、日本国籍の取得に奔走した。そして四度目の一時帰国の際、札幌家裁滝川支部に日本国籍の回復を申し立て、一九九三年七月に認められた。ロシア国籍の残留日本人が日本国籍を回復したのは百合子が三番目で、日本に戸籍がないケースとしては初めての認定だった。

この出来事は、「自分が生きているうちに百合子の就籍（戸籍回復と国籍取得）を果たしたい」という姉・順子の熱意が通じた結果でもあった。順子は、妹の入学手続きのために引揚証明書（引揚者の引き揚げ前の職業や上陸日が記載され、援護や戸籍登録の際に必要となる）をもって市役所で戸籍を登録する際、サハリンに残した百合子もあわせて記載しようとした。しかし「引揚証明書に名前がなく、生死も不明な人を戸籍には入れられない」と断られた。死亡証明書ならば出すと言われたが、生きている妹を死なせるなんてもってのほかであった。このときの悔しさから、順子はなにがあっても百合子の戸籍を回復してみせると思い続けてきたのだ。

こうして一九九四年には永住帰国の準備が整ったが、家族の不幸が続いたため延期となった。長女のリューバは九四年に札幌の日本語学校に在学していた。きょうだいのなかで一番勉強が好きだったリューバは、仕事や二人の子育てをしながら大学を卒業した。札幌に留学中は成績が優秀で、同年四月から北海道庁のサハリン事務所で仕事を始めた。ところがその三日後に倒れて入院し、それからわずか一カ月後に全身にがんが転移して急逝した。

その後、一九九六年三月に永住帰国を予定していたが、今度は夫の美知男が予定日の一カ月前に他界した。こうして百合子は同年秋に、二男と三男家族とともに日本に永住帰国することになった。二女のカーチャとその子どもたちは日本での生活を試みたが、サハリンに残ると決めた。亡くなった長女の子どもたちを、百合子は日本に呼び寄せて育てた。

一つになった家族の言葉

百合子は一九四六年まで日本学校に通い、家庭内で日本語しか使わなかった。その後は朝鮮学校に通うことになり、朝鮮人コミュニティのなかに取り込まれ、結婚相手も朝鮮人だった。それからはほぼ朝鮮語のみを使って生きてきた。子どもたちが学齢期になると、朝鮮学校は閉校になり、ロシア学校に行くことになった。そのときはまだ子どもたちと朝鮮語で話していたが、学校の教師から「なるべく家でもロシア語を使うように」と指導された。自分の幼少時と同じように、子どもたちもまた言語環境を変えることになった。

子どもたちがロシア語の会話や読み書きを習得するのは早かった。百合子は職場でロシア語を使っていたが、子どもたちとのコミュニケーションや勉強のサポートのためにもこれでは足りないと思った。子どもたちが図書館から借りた雑誌や本をむさぼるように読んだ。とくにコナン・ドイルやデュマのような外国人作家の翻訳書は、内容も面白く、ロシア語もわかりやすかった。しかし子どもの読むスピードには追いつけず、いつも途中で返却期限が迫ってきた。

百合子の子どもたちは学校を卒業し、兵役に就き、大学に進学するなかで、ロシア語が母語のようになった。百合子のロシア語も上達したが、「心のなかにあるものをロシア語で子どもに伝えられない」ことにはもどかしさを感じている。

日本に永住帰国すると、子どもたちは日本語の学習に励み、流暢に使いこなすようになったが、感情を伝えるにはどこかぎこちない。孫たちは学校で、「なるべく家でも日本語を使うように」と言われた。いま孫たちにとって最も必要な言葉は日本語だ。百合子は人生のなかで家庭の言語が三回も変わったとため息をついた。そして「孫たちの世代になって、やっと家族が同じ言葉で話せる」としみじみと語った。

孫の二人は大学でロシア語を専攻した。日本語を覚えた子どもたちとロシア語を専門にした孫たち。いつもみんなしっかり勉強をしている。百合子も若い世代に負けていない。日本語教師やロシア語の通訳・翻訳を担当し、韓国出張までこなす百合子は、つねに自分の言葉のレベルアップに心を砕いている。

日本語の本を読んだり、日記を書いたりするのもそのためだ。またサハリンに行くとロシア語の教科書や本を買って、少しでも暇があれば目を通す。

自分の経験、言葉の能力、体力を帰国者の生活をよりよくするために注いできた須田百合子は、二〇一五年一〇月に八〇歳になった。これからも体力が許す限り、若い世代の支えになりたいと思っている。

三つの文化のなかで子育てする帰国三世

——加賀谷美花《かがやみか》／ハン・ヴィクトリア

一歳の誕生日を祝う「トル」

デニスは二〇一五年六月に一歳の誕生日を迎えた。朝鮮文化圏では「トル」と呼んで盛大に祝う。子どもの将来を占う「トルチャビ」でデニスがつかんだのはペン。お金をつかんだら金持ちになり、糸をつかんだら長生きする。サハリンや中央アジアのウズベキスタンから駆けつけた祖父母たちは、孫が将来学者になるだろうと大いに喜んだ。

「トルチャンチ（パーティー）」が行われたのは札幌である。デニスの母・加賀谷美花は、サハリン国立大学在学中の二〇〇三年に、日本人の祖母と母、そして妹の四人で日本に帰

トルチャンチ（誕生パーティー）で、ペンをつかんだ美花の息子デニス（写真提供／加賀谷美花）

国した。二〇〇九年にウズベキスタン出身の高麗人（後述）であるリ・ディーマと結婚して、いまは二児の母だ。デニスには三歳年上の姉・ミレイがいる。

この日、デニスの「トルチャンチ」を開いてくれたのは、美花の父方の祖母であるキム・ヨンスンだ。サハリンのマカロフに住んでいるヨンスンは、日本に永住した孫の結婚式やひ孫の誕生日にはかならず駆けつけ、朝鮮の伝統を伝える。

美花の夫であるリ・ディーマの両親も引けを取らない。孫の一〇〇日祝いや「トル」には、遠いウズベキスタンからやって来て、地元料理のプロフ（ピラフのようなもの）を振る舞うのだ。デニスの姉・ミレイの「トル」も同じく盛大に祝った。

デニスの「トルチャンチ」には、サハリンやウズベキスタンのほか、韓国からも親戚や友人たちが駆けつけた。日本国内からも、札幌、函館だけでなく、東京在住の家族も集まった。集まった人びとは日本人、朝鮮人、リトアニア人、ロシア人である。パーティーでは、いろいろな国の人たちが踊ったりゲームをしたりして、ロシア語、朝鮮語、日本語で話に花が咲いた。

祖母・加賀谷成子《なりこ》のこと

このような多国籍・多言語の家族が日本に集まるようになったのは、二〇〇七年に永眠した美花の母方の祖母・加賀谷成子がいたからである。

加賀谷成子は一九三一年に樺太時代の知取《しるとる》（マカロフ）で生まれた。成子の両親は秋田からサハリンに移住し、父は床屋を営んでいたらしい。だが、成子はあまり父の記憶がない。成子は幼くして両親を亡くし、姉の手で育てられた。成子は、知取高等小学校高等科二年を卒業して、鉄道関係の仕事や建築事務所の守衛をしていた。

戦後、姉とケンカして家出した成子は、引き揚げのときに家族と一緒に日本に帰れなかったそうだ。一九四八年に朝鮮人のソン・チョンホと結婚して、子どもを三人産んだ。五〇年代後半、日ソ共同宣言による後期集団引揚（二三一ページ参照）では、朝鮮人の家族を同伴して帰ることができたので、五八年の秋にバフルシェフ（泊岸《とまりきし》）のオビル（出入国管理事務所）に帰国嘆願書を提出して許可を得た。五九年に帰国する予定であったが、病気だった夫の容体がこのとき深刻になって、帰国を取りやめた。夫は翌六〇年に他界した。

一九六一年に成子はボク・センソという朝鮮人男性と再婚し、さらに二人の子をもうけた。その一人が美花の母・ウォルスンだ。六五年、加賀谷成子にもう一度帰国許可が下りたものの、夫が北朝鮮の国籍だったため、日本への入国が認められなかった。成子はまたしても帰国を断念するしかなかった。

美花の思い出のなかの祖母はとても優しい人で、マカロフでよく畑仕事をしていた。美花が生まれたのもマカロフだが、一〇歳のときにユジノサハリンスクに引っ越した。それでも祖母のところへ遊びに行くのは大好きだった。祖母の家で遊んだり、畑の仕事を手伝ったりした。

夫が朝鮮人だったので、成子は最初の夫と結婚して名乗るようになった朝鮮式の名前であるセン・ソンジャを引き続きよく使っていた。だが、加賀谷成子の日本名も普段から使い、日本人であることはみんなが知っていた。美花にもそれはごく当たり前のことだった。まわりには日本人も多く、よく集まったりしていた。祖母は日本語、朝鮮語、ロシア語、いずれも堪能であった。美花とはロシア語で話をしたが、娘たちとの会話は日本語と朝鮮語を混ぜて使った。

一九八〇年代後半になると、日本からの訪問者が頻繁に見られるようになった。美花や近所の子どもたちは「ヤポンツィ《日本人》! ヤポンツィ!」と叫び、日本のお菓子をもらっては美味しく食べていた。それから祖母もサハリン日本人会の活動に参加し、一時帰国をするようになる。

サハリンの生活と帰国の決心

加賀谷成子には五人の子どもがいる。一九六二年生まれの美花の母・ウォルスンは、下から二番目の子だ。一九歳になって、美花の父となる朝鮮人のハン・スンボムと結婚した。二人のあいだに生まれたのが長女の美花と二女の由美だ。サハリンでは、それぞれハン・ヴィクトリアとハン・ソンヒ（ロシア名の通称はターニャ）と名乗っていた。

一九六一年生まれの美花の父・スンボムの母がキム・ヨンスンである。三六年生まれの祖母は、四一年に家族に連れられ朝鮮半島からサハリンに移動した。強制動員されたのではなく、働き口を求めて家族でサハリンに渡ったのだ。戦後、帰国できなかった祖母は朝鮮人の男性と結婚し、ずっとサハリンで生きてきた。

祖母のヨンスンは二〇〇〇年以降、韓国に永住帰国することもできたが、夫はすでに亡くなっていた。韓国への帰国は子ども世代の同伴が認められず、二人一部屋のペアを組まなければならなかった。したがってきょうだいや友達とペアを組むか、再婚するしかなかった。さもなければ、他人どうしでの生活となるのだ。何度も一時帰国を果たしていた祖母は、韓国がすっかり気に入っていたが、知らない人と組んで帰国するよりは、サハリンで子や孫たちと暮らすことを選んだ。

美花の父の家庭では朝鮮の伝統を守り、朝鮮語を使用していた。美花はロシア語で育てられたものの、このように朝鮮文化に親しんでいた。一九八二年生まれの彼女は、九九年にウラジオストクにある極東国立大学（現ロシア極東連邦総合大学）に入学し、二〇〇一年にサハリン国立大学に転学する。勉強はとても楽しく、友達もたくさんいた彼女は、ロシア社会のなかでしか自分の将来を考えることはできなかった。そんな彼女にとって日本への帰国の話は「寝耳に水」だった。

数回にわたり日本へ一時帰国した母方の祖母・加賀谷成子は、次第に永住帰国したいと思うようになった。仲のいい近所の人たちがひとりまたひとりいなくなると、寂しさにかられた成子は、永住帰国の気持ちをますます強めていった。頻繁に体調をくずすようになり、入院しがちになった成子は、できるだけ早く日本に帰ろうと決心した。

とはいっても、ひとりで帰国するわけにはいかなかった。夫を亡くしていた成子は、だれか子どもを連れて帰りたかった。永住帰国の同伴家族として選ばれたのが、美花の母・ウォルスンだったのである。

じつは、ウォルスンは二〇〇一年に美花の父と離婚していた。ウォルスンにとって、日本行きは自分の人生の新たなスタートとも考えられた。当時一〇歳だった二女のソンヒにとっても、日本での生活はいい環境だと思った。まだ幼かったソンヒは、日本に行くことに抵抗はなかった。ただ、大学生活を満喫している長女の美花は日本に行くつもりはなかった。ウォルスンは家族一緒でないと日本には行かないと決めていた。

美花は帰国の話を聞いた際、あまり気が進まず、父と暮らしながら大学を卒業することを考えた。だが、祖母の体調のこともあり、帰国は自分の決意次第と感じた美花は、大学を休学して、祖母の永住帰国に同伴することを決めた。「辛かったらサハリンに戻ればいい。とりあえず、行ってみよう」。そう考えた美花は、家族と一緒に日本へ旅立った。

四人の女性は未知の世界へ

このようにして、二〇〇三年に加賀谷成子、その娘と二人の孫――四人の女性は日本に帰国し、未知の世界での新たな生活が始まった。

一家は二〇〇三年六月から九月まで、埼玉県の所沢市にある中国帰国者定着促進センターで生活した。祖母の姓にしたがって一家は加賀谷姓になり、ウォルスンは瞳と名づけられ、ソンヒも由美という日本名をもつことになった。美花もそれから日本名を名乗ることになった。ヴィクトリアは「ヴィーカ」という略称で呼ばれるので、それにちなんだ名前だ。

美花の所沢での生活はさほど楽しいものではなかった。なによりも暑さは耐えがたいものがあった。だが、初めての日本は驚きがいっぱいで、週末に訪れた東京の街並みにはすっかり引きつけられた。日本語の授業は毎日あって、あれこれ忙しくしているうちに三カ月が過ぎていた。入所から三カ月後には、日本で生活する場所を選択しなければならなかった。

何度も一時帰国していた祖母は、函館がとても気に入っていた。静かで、きれいで、長年暮らしていたロシアとも昔からゆかりのある町である。一時帰国で函館を訪問した際に知り合った奈良一昭が、「函館ならいろいろ手伝うよ。こちらにおいで」と言って、身元引受人になってくれた。一〇月一日に加賀谷一家は函館に定着した。所沢では車椅子生活だった祖母は、函館に着いたとたん元気を取り戻し、「車椅子はいらない」と言っ

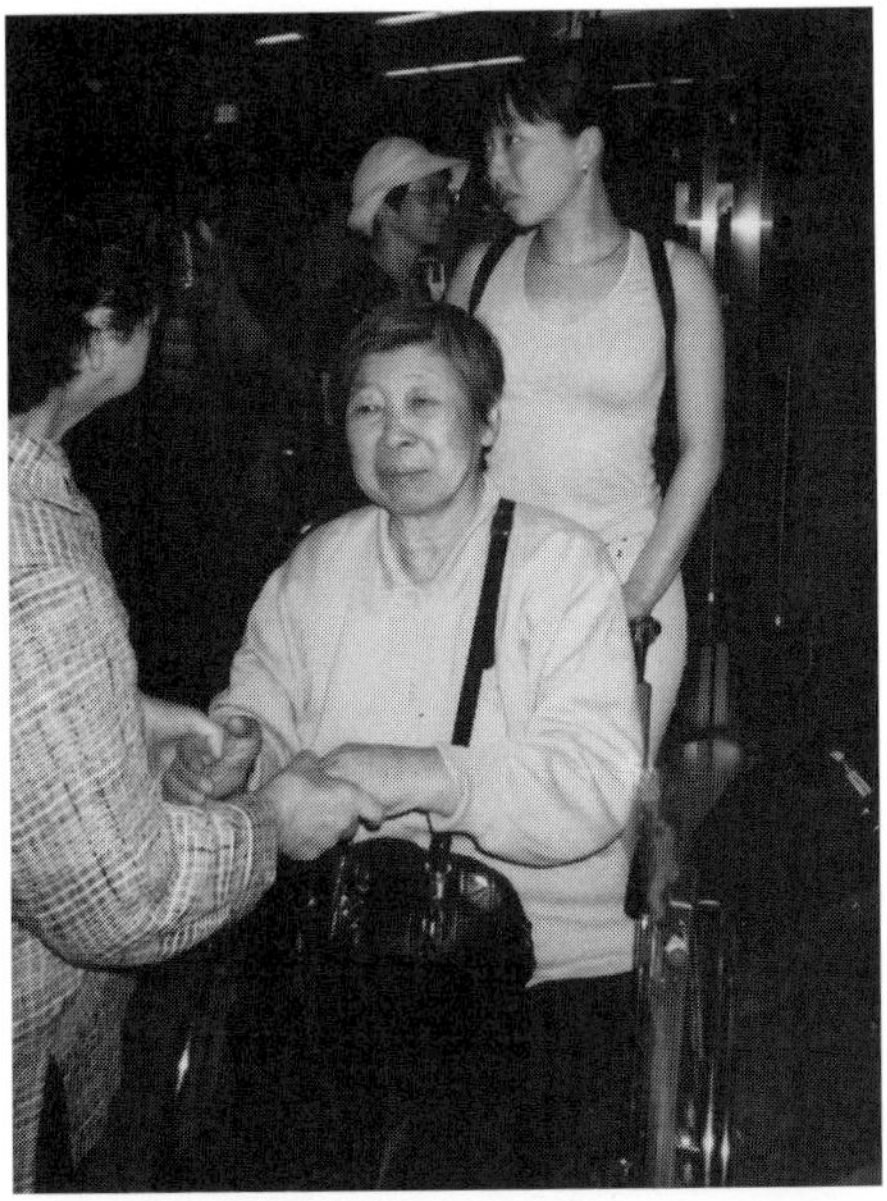

日本に到着した加賀谷成子と美花（写真提供／加賀谷美花）

て自分で歩き出した。

しかし、美花の気持ちは祖母と異なっていた。函館に着いた日は雨が降っていて、時間も遅かった。「暗くて、寒い。そしてとても小さい町。なんでここにきたの？」と、美花はがっかりした。いまでこそ函館は大好きな町であるが、当初は函館を選んだのは大失敗だと思った。若い世代の帰国者や外国人が少なく、日本語を勉強することも、友達をつくることも容易ではなかったのだ。

しかし落ち込んでばかりはいられない。二一歳だった美花は、自立して生活していくためにも早く日本語を身につけなければならなかった。函館は帰国者が日本語を学べる場所が少ない。美花は週に一回、ボランティアが教える日本語教室に出たが、それではとても足りなかった。

小学校五年生になった妹の由美は、順調に日本語が話せるようになっていた。日本語の習得に苦しむ由美の姉に気づいた小学校の教頭は、「午前中に来れば日本語を教える」と言ってくれた。さらに教頭は、北海道教育大学（函館校）の留学生と一緒に授業が受けられるように手配してくれた。美花もみるみる日本語が上達し、友達もできた。

日本に来てから一年が経ち、美花は当初の計画どおり、いったんはサハリンに戻った。久しぶりのサハリンではとても楽しい時間を過ごしたが、もう少し日本で頑張れるかなと思った。そして、家族を支えるためにも函館に戻ることにした。

函館の生活ですっかり元気になった祖母は、ひとりで青森在住の兄と姉を訪ねて行ったりもした。サハリンに残った子どもたちのところも訪ねたかったが、体調のこともあって、長旅には不安を感じていた。

祖母の死と新たな家族

函館での生活が落ち着くにつれ、エネルギーあふれる美花は物足りなさを感じた。日本語がある程度できるようになったので、少しでも仕事がしたいと思うようになった。

ちょうどそのとき、重機を利用した大型土木工事や廃材運搬を手がける小樽所在の「杉本運輸」が、サハリン南部のコルサコフスキー地区に敷設される原油・ガスパイプライン建設のためのクレーン車などを輸出するので、ロシア語の通訳者を必要としていた。美花の日本語を高く評価した日本ユーラシア協会函館支部が、この会社で働いてみないかと声をかけてくれた。

二〇〇五年、美花は「杉本運輸」で働くために家族と離れ、単身で小樽に移ることにした。不安がなかったわけではないが、新しい経験ができることにわくわくした。通訳の仕事で入社したはずだったが、美花に与えられたのは、通訳よりも事務の仕事の方

左から由美・瞳・成子・美花（写真提供／加賀谷美花）

が多かった。もう少し日本語とロシア語を活用したいと思った美花は、一年後に「ヒロ企画」というカニの輸入・加工販売会社に転職した。ここの仕事は逆にロシア語ばかりだった。

二つの会社で働いたことはとてもいい経験になったが、さらに自分らしい仕事をみつけたいと思った。大学を中断していた美花は、学業を続けたい気持ちもあり、二〇〇八年に札幌のビジネス専門学校の旅行科に入学した。札幌での生活が始まった。

二〇〇七年七月、美花が小樽で一人暮らしをしているとき、突然祖母が倒れたという知らせを受けた。倒れて意識不明となった祖母は、一カ月後に亡くなった。サハリンや青森から家族が見舞いに来たが、意識が戻らないまま世を去った。

自分たちを日本に連れてきた祖母を失った加賀谷一家は悲しみに暮れた。永住帰国してから四年目のことであった。わずかな期間であったが、日本に帰国してからは元気を取り戻し、きょうだいとも会えた祖母のことを思うと、家族は日本に帰国してよかったと確信している。

美花にも幸せな出来事があった。将来の結婚相手となるリ・ディーマに出会ったのだ。二〇〇七年にウズベキスタンから来日したディーマは、中国に留学したのちに叔父の会社で働くために札幌にやって来た。ディーマの叔父は、ウズベキスタンの高麗人の母と、サハリン出身の朝鮮人の父とのあいだに生まれた。極東国立大学で日本語を専攻したのちに日本で就職した叔父は、その後独立して漁業関係の会社を設立し、甥のディーマを呼び寄せたのである。

北海道には、在日朝鮮人とは異なる「ロシアの朝鮮人」の世界がある。主に帰国者の家族や、サハリンや極東からのビジネスマンらが集うコミュニティだ。こぢんまりとしたコミュニティなので、北海道のロシア出身の朝鮮人はここですぐ知り合いになれる。二〇〇八年の春に美花とディーマが出会ったのも、こうした集まりであった。二人は〇九年六月に結婚した。

多重的アイデンティティをもって生きる

サハリン帰国者は日本、韓国・朝鮮、ロシアの多重的アイデンティティをもつ。世代、残留期間、帰国年齢、結婚相手によって、それぞれのアイデンティティの顕著な面があらわれる。

一〇歳のときに帰国した美花の妹・由美は、日本の学校に通った。大学を卒業して、

美花・ディーマ夫婦。札幌の自宅で

現在は東京で働いている。交際相手も日本人で、生活スタイルも日本的だ。母や姉と同様、彼女はロシア語も話す。たびたびサハリンから訪ねて来る父や祖母は、朝鮮民族であることの意識を受け継いでいる。だが由美の場合、日本人としてのアイデンティティも強くもっている。

美花のアイデンティティは由美とは異なる。日本国籍の美花とウズベキスタン国籍のディーマは、流暢に日本語を話すが、家族の言葉はロシア語だ。長女のミレイは日本の幼稚園に通わせているが、ロシア語を教え、土曜教室のロシア学校にも連れていく。

しかし、美花夫婦は朝鮮民族であることを誇りに思っている。日常生活にも朝鮮的なものが多く、とくにそれは食生活を見れば明らかだ。だが、朝鮮民族といっても大陸出身とサハリン出身とではアイデンティティが微妙に異なるばかりか、ときにはそれが原因で衝突したりすることもある。

大陸の朝鮮人は一九世紀の終わり頃に朝鮮半島からロシアの沿海州に移動し、一九三七年にスターリンによって沿海州から中央アジアに強制移住させられた人たちで、高麗人と呼ばれる。サハリンの朝鮮人は、日本統治時代に朝鮮半島から自発的にまたは強制的に当時の樺太に移動した人たちだ。主に農業を営んだ高麗人と、炭鉱などで働いたサハリン朝鮮人は生活スタイルも異なる。

こうして大陸から来た高麗人とサハリン朝鮮人は「どちらが本物か」をめぐって張り合うことになるのだ。故国とは離れた場所でロシア化が進んでいる高麗人の朝鮮語は、サハリンの朝鮮人からすればみっともない。一方で、農村地域の高麗人は朝鮮半島の伝統にしたがって太陰暦で生

美花、娘のミレイ、息子のデニス

活していることが多く、旧盆にあたる「秋夕《チュソク》」などは朝鮮半島と同じ時期に行われる。ところが、サハリンでは、日本のお盆に合わせて八月一五日に「秋夕」を行うのでびっくりするのだ。

美花とディーマも、朝鮮式の料理をフォークと箸のどちらで食べるか——「どちらが本物か」をめぐって争うのである。ただ、「本物の朝鮮人」について議論するときに、二人はともに朝鮮民族としての共同体を体現しようとしているのではない。自分たちは朝鮮半島の人びととは同じではないとはっきり言うのだ。また、日本の在日朝鮮人を同胞として意識することもあまりなく、日本に朝鮮人の一大コミュニティがあることも知らない。

このことはつまるところ、美花とディーマの民族的アイデンティティは、朝鮮半島の人びとと道徳的価値や伝統的生活様式をもはや共有してはいないけれども、二人は個人の自律や自己アイデンティティの基盤となる自らの言語や文化への深い愛着を、依然としてもっていることを示している。

サハリン在住の父方の祖母（ヨンスン）は、孫には朝鮮人と結婚してほしいと思っていた。美花は見事に朝鮮人の夫を連れてきた。ところが、祖母は「彼はあんたのことが本当に好きなのかい？」と不安そうな表情であった。中央アジアの朝鮮人は信用できない様子だった。そうした不信には、終戦後に指導員としてサハリンにやってきた高麗人への反感はもとより（一二三ページ参照）、強制動員された自分たちは祖国に帰る権利を有する存在であるという「優越意識」が入り混じっているのかもしれない。

しかし、時間が経ち、ディーマがしっかりした若者で、美花もウズベキスタンで大歓迎されたと知った祖母は安堵した。なによりも、孫の一歳の誕生日「トル」を、サハリンと同じように朝鮮式で祝えたことが祖母を安心させた。

日本人や朝鮮民族の血を受け継ぎ、サハリンや中央アジアの生活習慣をもって日本の社会に生き、日本語とロシア語で話す二人の子どものミレイとデニスは、将来どのようなアイデンティティをつくりあげていくのだろうか。そのページはまだめくられていない。

アニワ湾を望む

「国境」を超える

亡き母の望郷の思いを抱きしめて生きる娘——淡中詔子《たんなかあきこ》

引揚港・函館への永住帰国

淡中詔子には日本サハリン協会函館支部長の肩書がある。二〇〇〇年に朝鮮人の夫・柳建造《ユコンジョ》を連れて永住帰国して定着したのが函館であった。函館には二人のサハリン帰国者がいた。詔子は親の代わりだと思って、二人の面倒をみることにした。永住帰国とはいえ、それは新たな移住でもある。身を寄せ合って生きる人がいればなんとも心強い。

函館は一時帰国のとき一度訪れたことがあるだけだったが、飛行機から五稜郭が見下ろせる街並みはすばらしかった。田舎育ちの詔子は、高い建物がそびえる場所は苦手だ。大好きな果物や魚も豊富だった。

函館に帰国者が多数定着しているわけではないが、戦後サハリンから引き揚げた人が多い。敗戦後、ソ連地区米ソ引揚協定により、一九四六年から四九年にかけてサハリンから引揚船が入港したのが函館だった。この前期集団引揚（二二〇ページ参照）では、計二一八回の引揚船で、およそ三一万人が函館に上陸した（千島列島からの引揚者を含む）。市もその歴史を重く受けとめており、帰国者にとって居心地は悪くない。

ロシア文化の香りが漂うのも魅力のひとつだ。函館は北の玄関口で、一九世紀半ばから国際的な貿易港として栄えた。街のあちらこちらで、ロシア人墓地や旧ロシア領事館の建物などの史跡をみつけることができる。国の重要文化財である函館ハリストス正教会もそのひとつだ。ロシア革命後の一九二〇年代、函館はロシア人亡命者を受け入れ、ロシア文化も持ち込まれた。

サハリンからの一時帰国訪問団が新千歳空港に到着するときは、詔子はいつも函館から五時間かけて迎えにいく。日本サハリン協会の役員として訪問団の受け入れは最重要の仕事である。そのほかにも詔子には遠方から駆けつける理由があった。

詔子は、二〇〇〇年に永住帰国するまで、日本語は挨拶程度しかできなかったが、いまは通訳の貴重な戦力となっている。日本サハリン協会の総会や宴会では日本語とロシア語の通訳は欠かせない。日本ユーラシア協会函館支部でも活動している。以前は、通訳中に意味が違うだの、間違っているだのとささやかれることもしばしばあった。総会の前日になると緊張して寝つけないのはいまでも変わりないが、本番ではそんな文句など言わせないほどの自信がついた。

函館では郊外の西旭岡町《にしあさひおか》にある団地に夫と二人で暮らす。永住帰国したばかりの頃はロシア語か朝鮮語で会話していたが、徐々

淡中詔子・柳建造夫婦。函館の自宅で（撮影／玄武岩）

に日本語で話すことも増えてきた。日本に来て随分使わなくなった朝鮮語も、毎日韓国ドラマを見ているせいか、サハリンにいたときより表現が豊かになった気がする。

一時帰国訪問団の仕事で札幌に出かけるときは、数日留守にすることもある。家事のことを気にかけると、「食べたいものをつくって食べているから気にするな」というのが夫の口癖だ。いつもの豚キムチ炒めに決まっている。親戚も友人もいないところで夫が孤独なのはわかっているつもりだ。だからこそ朝鮮人の夫が日本について来てくれたことには感謝してもしきれない。

運命を分けた渡航

詔子の母、山下キノは一三歳のとき、家族そろってサハリンに渡った。そこで塔路（シャフチョルスク）の炭鉱で働いていた詔子の父・稔男と一九四三年に正式に結婚した。詔子は四四年に生まれた。詔子が生まれたとき父は家族を残したまま「内地」にいた。

敗色の濃くなった一九四四年、樺太西海岸の恵須取以北の一三カ所の炭鉱事業所から、九〇〇〇人に達する炭鉱労働者が東北や九州に配置転換された。アジア太平洋戦争の戦況悪化にともない、船舶が南方の戦線に動員され、サハリンで採掘した石炭の本土への輸送が困難になったからである。

一九四四年秋に詔子の二歳年上の兄が病気で死ぬ不幸があった。電報を受け取った父はすぐに駆けつけてきた。それをきっかけに淡中一家は「内地」に引き返すことにした。キノはしばらく静岡の実家にいたが、詔子を連れて夫の実家がある北海道の美瑛《びえい》町に向かった。夫は六人兄弟の長男だった。

夫の実家は旧武家の厳格な家柄であったようだ。厳しいしきたりに馴染めなかったキノは、詔子を連れてふたたび樺太に戻ることにした。周りは北海道にとどまるよう説得したが、「樺太はどこに戦争があるのかわからないほど静かだから戻る」と押し切って、小樽から樺太に向かった。敗戦間際のことであった。

それが運命を分けることになった。キノ親子が恵須取港についたときは「内地」に避難する人でごった返していた。そのまま下船せずに引き返そうとも思ったが、船舶は軍人や官憲が優先して使用するとのことだった。

八月九日にソ連が進攻を開始すると、樺太庁は八月一三日から女性や子どもを北海道に疎開させた。大泊（コルサコフ）から北海道への脱出は、ソ連軍が宗谷海峡を封鎖する二二日まで行われた。しかし「終戦」翌日の一六日にはソ連軍が恵須取港に上陸し、二〇日に真岡は艦砲射撃を受けて火の海となり、地上部隊も投入された。

20歳前後のキノ（写真提供／淡中詔子）

キノ親子が自宅のある塔路についたときはソ連軍の進攻が始まっていた。大泊や真岡から日本への避難船があると聞き、南を目指した。「逃避行」が始まった。

徒歩で真岡に向かう途中、珍内《ちんない》（クラスノゴルスク）あたりで詔子が蚊に刺され、感染症を引き起こした。傷口は腫れ、顔は真っ赤になった。泣きやまない詔子に母乳を飲ませると母まで感染して二人とも歩けなくなった。行列からはぐれて道端に倒れていたところを、ソ連の軍人が診療所に運んでくれた。

避難船が出る真岡はまだ先。これ以上の南行きは厳しく、キノ親子は自宅に引き返すしかなかった。戦争の混乱のなかで生き別れとなったキノ・詔子と稔男は、その後再会することはなかった。

朝鮮人に助けられ

まもなくサハリンはソ連軍の占領下に置かれた。自宅はロシア軍に接収されていて、キノ親子はバラックでの生活を強いられることになる。

塔路に戻った二人は入院を余儀なくされた。キノは一カ月ほどで退院したが、医者からは赤ん坊は助からないだろうと言われた。やがて「子どもが死んだ」と告げられると、もう日本には帰れないし、生きる意味もないと思ったキノは、赤ん坊と一緒に海に飛び込むつもりで海岸に向かった。飛び降りようとしたそのとき、赤ん坊のぬくもりを感じた。詔子は息を吹き返していたのである。

キノは病院には戻らず、詔子を家に連れて帰って看病した。お金は郵便局に預けていたので、わずかな現金しか持ち合わせていなかった。食べる物もろくになく栄養失調状態にある詔子を世話してくれたのが、ある朝鮮人だった。生活のため飯場で働くことになったキノは、そこでサハリンの炭鉱に強制動員されて帰国できずにいた山本と名乗る朝鮮人の崔圭貞《チェギュジョン》と知り合う。圭貞は闇市で食べ物を手に入れて、詔子に食べさせた。そして日本語ができない圭貞はキノへのラブレターを、本書の最初に登場した竹中秀男に代わりに書いてもらった。好意を示す圭貞にキノは娶られ、詔子は朝鮮人の父をもつことになった。

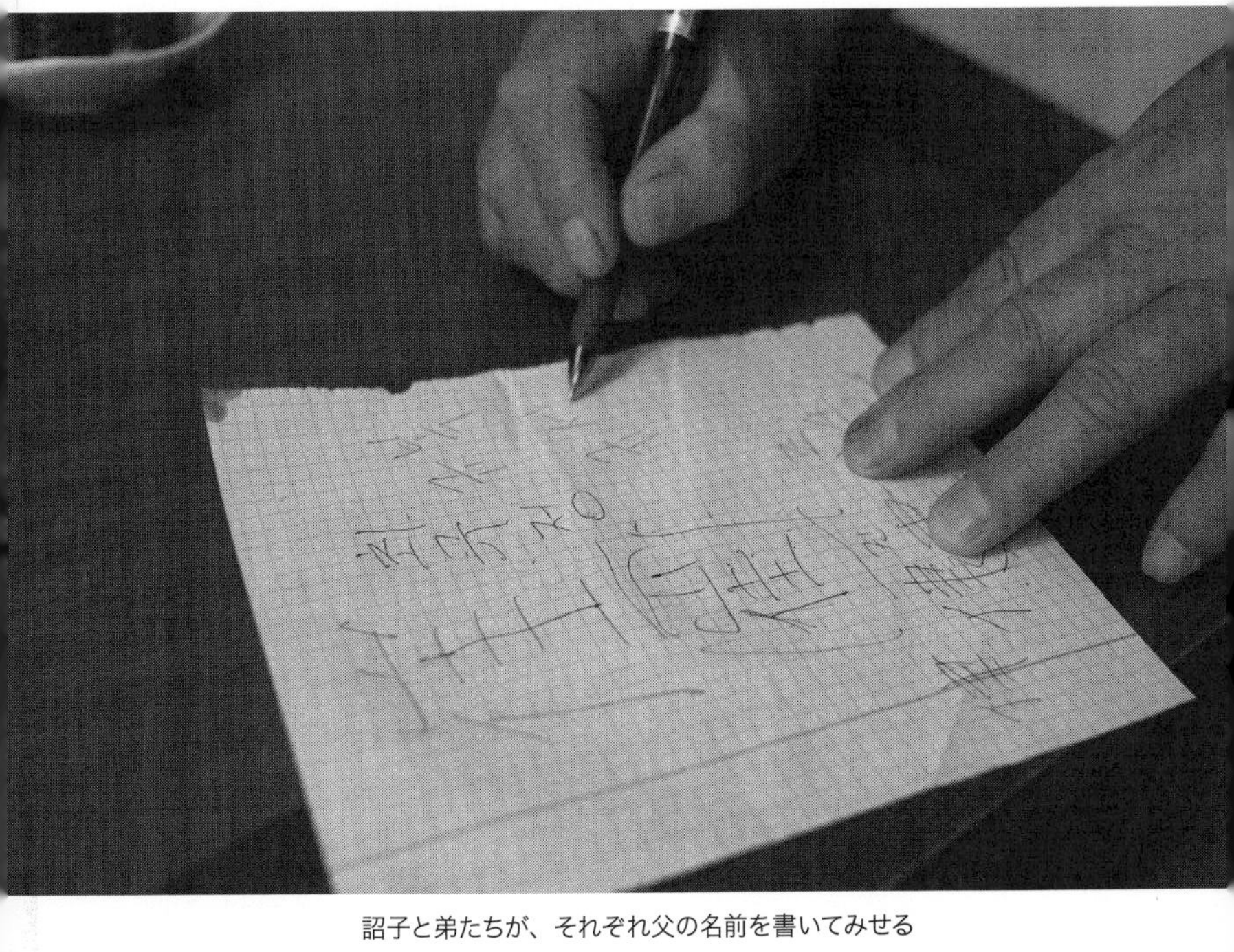

詔子と弟たちが、それぞれ父の名前を書いてみせる

それでもキノは日本に帰ることをあきらめなかった。炭鉱の仕事をやめた夫とともに恵須取（ウグレゴルスク）に出た。港の近くにいればなんとか日本に帰れるだろうという思いからであった。いざとなれば詔子だけを連れて日本に引き揚げるつもりだった。

圭貞とのあいだに生まれた男の子がお腹をすかして泣いても、情が移ることを恐れて授乳をしなかった。近所の人から「動物でも自分の子は捨てない。生まれたらなにがなんでもあなたの子よ」と叱られた。キノは乳を飲ませながら、これでもう日本には帰れないと思った。キノは圭貞とのあいだに八人の子どもをもうけた（一人死亡）。

養父は詔子を、「目に入れても痛くない」と言って可愛がった。飲み屋にまで詔子を連れていくほどで、その店で転んでけがをした傷がいまも残っている。実父の記憶のない詔子にとって、朝鮮人の養父は本物の父にほかならなかった。

しかし、詔子は心の片隅で自分がほんとうの娘ではないと思っていた。養父の友人が訪ねて来たとき、子どもが何人いるのかと聞かれた養父は「五人」と答えた。そこに自分は含まれていなかったのだ。あるときは「詔子を入れて六人」と言ったことをいまでも鮮明に覚えている。胸に突き刺さるような言葉だった。詔子はほんとうの子どもになるため、必死になって妹弟の面倒をみた。

養父は子どもには厳しかったが、一度も妻に手をあげたことのない穏やかな人だった。母が「なにもわからない朝鮮人と結婚してしまって苦労ばかりしている」と責めても、養父は「世の中にこんなきれいな人はいないよ」とただほほ笑むだけだった。

朝鮮学校で学ぶ

残留日本人のほとんどが引き揚げた頃、詔子は朝鮮学校に入学した。それは戦後の朝鮮人コミュニティの成員として生きていくことを意味した。それまでは母と日本語で会話していたが、娘を朝鮮学校に通わせるために、母は外では日本語を口にしないように気をつかった。養父は詔子に同じ昔話を何度も繰り返し聞かせて朝鮮語を覚えさせようとした。

詔子は崔詔子《チェソジャ》として朝鮮学校に通うことになった。学校に入って気づいたのは、クラスのみんなは日本語も朝鮮語も上手なのに、自分だけ両方とも中途半端だったことだ。一年生を留年して二度通った。ところが大陸からきた高麗人（一二三ページ参照）の先生から「日本の犬」と呼ばれたことはいまでも忘れられない。朝鮮学校で使う教科書も高麗人が作成したものだった。さらに学校の要職にもついた高麗人の教員は、旧宗主国・日本に染まった朝鮮人を政治指導する使命感に燃えていた。そうした敵意が幼い詔子に向けられたのだろう。

まだ「日本人」も「朝鮮人」もわからなかった詔子がそのことを養父に話すと、戸惑いながらも「朝鮮語をしっかり勉強しなさい」という意味だと言った。こうしたことを危惧したからこそ、父は詔子の入学時に教師に贈り物を渡したりもした。詔子が教師を目指したのも、このときの悔しさからだ。

それでも詔子の朝鮮語力は日増しに伸びていった。五、六、七年生のときはだれにも負けないくらいの成績で、詩を書いて褒められたりもした。ただロシア語の成績は振るわず、もう一年留年して九年間学校に通った。

母・キノも夜学で朝鮮語を習得し、朝鮮名を名乗った。朝鮮人でも字の読み書きができない人はたくさんいた。夜学はそうした人のために町内会が開いたものだ。三年間勉強した母はハングルで手紙を書けるようになった。

教師を夢見た詔子はユジノサハリンスクの師範学校に進学した。ところがソ連政府の朝鮮学校の閉鎖方針によって、一九六二年に一年間勉強しただけで朝鮮語学科が廃止となった。ちょうどそのとき、母が病気になったこともあり、シャフチョルスクの実家に戻ることにした。

詔子は二二歳で朝鮮人と結婚して一女をもうけるも、わずか二年後に事故で夫を亡くした。再婚したのがいまの夫の柳建造である。建造とのあいだにも三人の子が生まれた（一人は幼くして死亡）。建造は一九三七年に東京で生まれ、一度父と朝鮮に戻ったあとに一家はサハリンに移住して終戦を迎え、残留を余儀なくされた。

妹弟と生きることを選ぶ

一九五〇年代後半、日ソ共同宣言により日本人女性が朝鮮人の夫および子どもを同伴して引き揚げられるようになる。この後期集団引揚（二三一ページ参照）が始まるのは、詔子が一四、五歳の頃だった。キノ夫婦も帰国の手続きのためウグレゴルスクに出かけた。詔子は日本がどこにあるのかも知らなかったが、田舎から出られることがただうれしかった。

学校から帰ると母が泣いていた。「アキコちゃん、ここに座りなさい」。キノはソジャと呼ばずに、あらたまって日本語で話しかけた。母は詔子が日本語を忘れてはいないか確かめようとしたのかもしれない。詔子は「急に日本語で話してもわからないよ」といつもどおりに朝鮮語で返事した。すると母は朝鮮語で、「日本に行くなら日本語を勉強しなければならないし、日本へはお父さんと一緒に行けない」と言うのであった。母と詔子の二人だけに日本に引き揚げる許可が下りたという信じられない言葉であった。母は、「日本に行くと財産もあって幸せになれる。ほかの子どもたちを置いて行くから、一緒に帰ろう」と、詔子に返事を迫った。詔子にとってむごい選択だった。

詔子は、自分が病気になったせいで、母が引き揚げられなかったことに負い目を感じていた。父と生き別れとなった母も哀れだったが、それでも妹弟と離れ離れにはなりたくなかった。「私は日本に行かない」。詔子は母にそう告げた。母は詔子を抱きしめてずっと泣いていた。こうして二人は「残留」を選んだ。敗戦後の前期集団引揚に続き、またしてもその機会を手放さざるを得なかったのである。

いまとなっては、詔子が日本に行かないと言ったときに母が流した涙は、安堵の涙ではなかったかと詔子は感じている。朝鮮人と再婚してたくさんの子どもを産んだ母が日本に引き揚げても、帰る場所などなかったのではないか。ただ、母は自分は惨めになっても詔子だけにはいい暮らしをさせてやりたかったのだろう。それを詔子は自らサハリンに残ると言ったのだ。

後年、母は病気になって寝たきりになると、なにも口にしようとしなかった。子どもたちが心配して食事を勧めても、「ご飯を食べて身動きもできないまま生きていたら、あなたが苦労するからね」と言うばかりで聞き入れてくれなかった。

母には、詔子を連れて日本に帰れなかったことが一生の悔いとして残っていた。朝鮮人

キノと圭貞の墓（写真提供／淡中詔子）

の夫と一緒になってたくさんの子どもを産んだばかりに、妹弟の世話に明け暮れて子どもらしい生活ができなかった詔子にこれ以上の苦労をさせたくなかった。「私は死んでも天国に行けないかもしれないけど、向こうに行ったらあなたが日本で暮らせるように祈るから、かならず日本に帰りなさい」。詔子はいまでもその言葉が耳に残る。

つきっきりで母の看病をした詔子は、母が「日本に帰りたい」とうなされている姿を見るたびに、日本に引き揚げられなかったのは自分のせいだと思って心を痛めた。母は母なりに、早くあの世に行って詔子には迷惑をかけまいと思っていた。戦争に翻弄された親子の心はすれ違ったまま、別れの日を迎えた。

詔子の母も養父も望郷の念を抱いたまま、一九八五年にそれぞれ他界した。サハリンに残留した日本人や朝鮮人に帰国の兆しが見えてきたのは、一九八〇年代の後半になってからである。母の言葉を詔子はずっと忘れられずにいた。ただ、一九九〇年代に入り、何度か日本に一時帰国を果たしても、永住帰国したいとは思っていなかった。それが、九〇年代後半、日本への永住帰国が可能になったとき、背中を押してくれたのが母の言葉であった。

肉親のいない一時帰国

サハリン残留日本人の一時帰国・永住帰国を支援した日本サハリン同胞交流協会（現日本サハ

リン協会）は、サハリンの「純粋な」日本人を訪ねまわった。日本人であることが確認できれば同会の支援を受けて一時帰国もできるようになるが、そのためには公的文書による証明が必要であった。

詔子にとって自らが日本人であることを証明できる資料は、半分だけ残ったキノと崔圭貞との婚姻証明書のみであった。その婚姻証明書には、なぜかキノの姓がアワナカと記されていた。無学であった圭貞が結婚の届出をだれかに頼み、その過程で間違いが生じていたのだろうか。こうした事情もあって、日本サハリン同胞交流協会が詔子の親類を捜すことは困難をきわめた。

一九八〇年、キノは後述する白戸ツキ（シン・ボベの母）が一時帰国する際に手紙を託し、静岡や東京のきょうだいと連絡をとることができた。詔子は、日本の親類から母宛てに送られてきた手紙を大切に保管していた。火事に遭遇したときも母が必死に持ち出した手紙であった。静岡や東京の山下家から送られてきたその手紙から、「山下昭子（詔子）」という日本人の名前が浮かび上がった。さらに手紙の内容からは、「山下詔子」の父の名前が「淡中」であることもわかった。母・キノの婚姻証明書に「アワナカ」とあるのと一致した。「山下詔子」は淡中詔子のことである。

詔子が一時帰国するには、まず日本の親類を捜すことが急務であった。日本サハリン同胞交流協会はこれらの情報をもとに詔子の身元確認を急いだ。戦前に樺太で出生届を出していたことから、淡中稔男の戸籍に載っていることは確認できた。

ただ、キノと詔子は、消息不明となった戦後の未帰還者の調査について最終的措置を講じるために制定された「未帰還者に関する特別措置法」（一九五九年、岸信介内閣）にもとづき、一九六六年三月に戦時死亡宣告が確定しており、除籍されていた。稔男もすでに死去していた。同会はキノに手紙を送った山下家に連絡して詔子のことを伝えた。

ところが、キノが生前に手紙のやりとりをしていたきょうだいは、姪にあたる詔子との再会を望まなかった。面会の要請は、家庭の事情もあり、顔も見たことのない姪に愛情が湧かないので世話することができないとして断られたのだ。一九九二年九月、詔子は親類のいないまま一時帰国することになる。

詔子はこのことを知らされなかったが、母方の親戚に姪の自分と会うつもりがないことはうすうす気づいていた。事情はよくわからないが、様子がおかしいと感じた。日本サハリン同胞交流協会の役員たちが、「家族になってあげる」とやけに親切にしてくれたのだ。親戚に自分と会いたい気持ちがあればすぐにでも飛んでくるはずだが、結局あらわれなかった。そのとき詔子は、日本サハリン同胞交流協会の人たちを家族と思って生きていくことを心に決めた。

だが、幸いにも、幼い頃の詔子に会ったことのある北海道在住の父方の叔父がテレビを見て、帰国者リストのなかにアワナカ・アキコの名前があることに気がついた。叔父は北海道庁の援護係に問い合わせ、そこから一時帰国者の宿舎に電話をしてアキコが姪であることが判明した。詔子は札幌で叔父と再会することができた。

叔父から父の家族の写真を渡され、父についての話を聞いたが、このときはまだ日本語が不自由であった。なんとなく父が存命していないことがわかった。次の再会を約束したが、一九九五年に二度目の一時帰国をした際には叔父は亡くなっており、前回の出会いが最後となった。ただ、二度目の訪問で詔子は叔母と再会し、父が一九七八年に亡くなったことを含め、家系についての詳細を知ることができた。

韓国か、日本か

詔子夫婦は一九九〇年代に数回にわたり日本や韓国への一時帰国を果たした。その後、サハリン残留日本人や朝鮮人の永住帰国が本格化すると、詔子夫婦にとっても「帰国」は現実問題となった。この時期はロシア経済が混乱して、生活も厳しい状況にあった。

淡中夫婦には二つの選択肢があった。日本に行くか、韓国に行くか、である。

夫の建造としては、多くの知人が永住帰国している韓国が都合よかったし、住居が提供されることも魅力的であった。未婚の息子がサハリンに残ることを希望したので、一世の夫婦のみが対象となる韓国への永住帰国の敷居も低くなっていた。

しかし数回の日本と韓国への訪問をへて、最終的に日本を定着先とした。詔子にはどうしても日本に行かなければならない理由があった。「日本に帰りなさい」という母の遺言があったからである。

じつは夫・建造にとっても日本は母の国であった。日本で勉強しながら働いていた父は勤め先の一人娘と恋愛関係となり、二人のあいだに生まれたのが建造であった。しかしその結婚が許されるはずはなかった。父は建造だけを連れて朝鮮に戻った。そこで父は正式に地元の女性と結婚し、建造は養母に育てられたのである。その後一家はサハリンに渡ることになる。

建造は韓国に一時帰国したとき、親類にも会っている。建造の父が健在なときは韓国の家族と手紙のやりとりをしていたので、住所も知っていた。故郷を訪ねたとき、多くの親族が集まって温かく迎えてくれた。父に残された土地も見せてもらった。建造は土地もいらないし、韓国に永住帰国しても迷惑をかけるつもりはないから心配しなくてもいいと伝えた。

しかしなかには、財産問題が絡んでいたのか、「なんのために帰ってきたんだ」と言って会ってくれない人もいた。そのとき建造は、韓国人は冷たいと思った。

建造が韓国によくない印象をもったのはもうひとつ理由がある。最初の韓国訪問で、親戚に妻が日本人だと言うと、ある叔母に「なぜ韓国人をみつけなかったのか。そんな見境のない男だったのか」

長女のマイヤと（写真提供／淡中詔子）

と責められた。次に夫婦で訪れたときに、その叔母はタイミングを見はからって「本当に日本人なのか」と問いかけた。答えに窮する建造に代わり、詔子はとっさに「嘘ですよ。彼の冗談です」と返事した。叔母は「そりゃそうでしょう。日本人がこんなに韓国語が上手なわけがない」とほっとした様子だった。

そういう韓国での体験もあったからなのだろうか、建造は詔子が日本に永住帰国するかどうか迷っていたとき、「みんな日本に行くって言うのに、本物の日本人がなぜ日本に行かないんだ」と言って、日本への永住帰国を後押ししてくれた。

淡中夫婦は、二〇〇〇年に永住帰国し、埼玉県所沢市の中国帰国者定着促進センターで日本語研修を受けながら就籍（戸籍回復と国籍取得）の手続きをへて函館に定着した。日本での生活が思いどおりにいかなければ、いつでもサハリンへ戻るつもりであった。実際、永住帰国から数年間は日本の生活に馴染めず葛藤も多かった。でもいまは韓国やサハリンを往来し、家族を呼び寄せ、安定した生活を営んでいる。

家族の残留の選択

淡中夫婦は二人で永住帰国することを決めた。二〇〇〇年に息子のジェーニャが仕事を始めて独立したので、身軽になった。長女のマイヤと二女のリーラも同伴帰国せず、サハリンに残ることを決めた。

ただ、詔子の初婚の相手との娘であるマイヤの心境は複雑だった。マイヤは、幼い頃は実父の母である祖母に預けられていたこともあり、母と一緒にいたい気持ちはいまも昔も変わらない。ようやく家庭も落ち着き、親孝行しようと思ったとたん、母は日本に行ってしまうというのだ。

朝鮮語しかできない祖母と過ごす時間が多かったため、マイヤは小学校に入る前まで朝鮮語でよく話をしていた。小学生になると学校でも家庭でもロシア語を使うようになったので、朝鮮語は徐々に忘れていったが、いまでも聞き取りは問題ない。

母方の祖母（キノ）はウグレゴルスクに住んでいたので、会う機会は少なかった。祖母が日本人だとは知っていたが、そのときは日

淡中家の人びと。中央が淡中・柳夫婦。ユジノサハリンスクで

本人と朝鮮人の区別があまりつかなかった。たまに会いに行くと、祖母は朝鮮語とロシア語の両方の言葉で話しかけてくれた。母が日本に行くとわかっていたら、祖母が生きているうちに日本についていろいろ聞いておけばよかったと後悔している。

高校を卒業したマイヤはイルクーツクの国立大学に入学した。同郷の夫のサーシャも同じ大学で、二人はそこで結婚した。卒業して長女が生まれると家族はサハリンに戻り、いまはユジノサハリンスクで生活している。二〇〇二年に長男が、二〇一三年に初孫（長女の子）が生まれた。

マイヤはロシア文学が好きで、プーシキンの詩をよく読む。韓国や日本の詩を読んでもそれと同じ感情は生まれないと思っている。ロシア語で考え、ロシア語で感じる自分を、ロシア人であるとして強く意識する。しかしロシアの文化は「外のもの、環境から得られたもの」であるが、「朝鮮の文化は血をとおして受け継いだもの。あとは、家庭の教育、習慣をとおして身についたもの」である。その意味で「もちろん私はカレヤンカ」なのだという。

日本の文化は、ある時期まで彼女のなかで「眠っていた」が、両親が日本に一時帰国を始めたときに目覚めた。いま最も知りたいのは日本文化だ。朝鮮語と日本語、両方を勉強しているマイヤだが、やはり日本語への関心の方が高い。

それでも両親が日本に永住帰国を決めたとき、マイヤには同伴帰国するつもりはなかった。日本語をきちんと覚える自信もないし、ロシアで朝鮮人の家庭に育った自分を、日本人のメンタリティには変えられないと思った。

とはいっても、自分はともかく、このとき一二歳だった長女が言語や文化など、環境の大きな変化についていけるのかが心配だった。「うまくいかなかった場合のリスクが大きすぎる」という不安が消えなかったのだ。

マイヤの姑は韓国に永住帰国したが、マイヤ夫婦は韓国にも行く気はない。数年前、韓国に三カ月間出稼ぎに行った夫は、「自分のような存在は同胞とみなされない」ということに気づかされた。朝鮮人としての意識が強い夫でさえ、韓国で生活するのは大変だと思っている。日本や韓国を家族でたびたび訪れても、結局、自分たち家族にとって最も居心地がいいのはサハリンなのだ。

いつまでもお姉さん

二〇一四年八月、淡中夫婦は北海道とサハリンを結ぶフェリーに揺られていた。この時期、夏季のみ運航する「稚内〜コルサコフ」連絡フェリーは乗客であふれる。大半は帰国者とその家族だ。サハリンの朝鮮人コミュニティでもお盆は重要な行事だ。お盆が近づいてくると、韓国や日本の帰国者は墓参りや家族再会のためサハリンへと向かう。

淡中夫婦も家族再会が目的であった。とはいってもたんにサハリンにいる家族に会うためではない。韓国やフランスにいる家族全員がサハリンに集まるのだ。双子の弟たちの五五歳の誕生日に合わせて、詔子は大々的な家族パーティーを企画した。

弟らの誕生日に合わせて全家族を招集したのは、特別な理由があったからだ。

じつは、誕生日を迎えた双子の弟のうちのひとり（ヤンジン）はロシアの大陸に住み、運送業をしていたが、三〇年以上前から連絡がとれなくなっていた。音信不通になったのは、事故に遭い記憶喪失になったからだ。弟は記憶を取り戻したときに、両親がすでに亡くなっていることを知った。彼はそれが自分の事故のせいだと思い込み、以来、きょうだいと連絡をとろうとしてこなかった。

その後、弟は心臓病の手術を受けることになった。大きな手術を控えた彼に、妻は「サハリンにだれかいるでしょう。家族でなくても、友達くらいいるでしょう」と聞き出そうとした。「だれもいない」と答えても、妻はあきらめずにサハリン在住の夫の知人を探し続け、ついに家族と連絡をとることができた。こうして迎えることになった弟の五五歳だから、みんなで集まって誕生祝いを開くことにしたのだ。

誕生日と家族再会を祝うパーティーは盛大なものとなった。テーブルには韓国、日本、ロシアの料理があふれ、韓国、日本、ロシアの各地域から一〇〇人以上が集まり、フランスからは詔子の姪家族がかけつけた。

そのなかで詔子は、昔と同じように、きょうだいの面倒をみる姉の役割を果たしていた。母と二人で日本に帰ることをあきらめてまでも離れたくなかった弟妹らであった。詔子はいつまでも

「お姉さん」なのだ。

　パーティーで最初にスピーチをするのも詔子だ。続いて、フランスに住んでいる姪は完璧な朝鮮語で祝辞を述べ、きょうだいたちは朝鮮語でカラオケを歌った。翌日も家族のみの祝宴が続いた。

　日本から来た著者らを淡中＝崔家の人たちは温かく迎え入れてくれた。だれもが母・キノの故郷である日本について聞いたり、知っている日本語をしゃべってみたりした。キノがいたらきっと喜んでいただろう。

家族パーティーに集まった詔子のきょうだい。後列左から二男・ムンジン、長男・ファジン、四男・ナムジン、三男・ヤンジン、前列左から三女・チョルチャ、詔子、二女・ソクチャ。四女・アンジャは仕事のため韓国に戻る

サハリン・北海道・仁川を行き来する——菅生善一《すごうぜんいち》

顔も知らない実父の姓を受け継ぐ

菅生善一は週一回の非常勤で北海道中国帰国者支援・交流センターの仕事をする。同じ境遇にあるサハリン帰国者の面倒をみるのが生きがいだ。日本に永住帰国する前、最後に残った人が残留日本人の集まりであるサハリン日本人会の会長になろうと、三人の仲間で決めていたものだ。「故郷に帰る人たちの手助けをするんだ」——菅生たちにはそんな意気込みがあった。

しかし真っ先に永住帰国したのは善一自身であった。札幌の帰国者センターで働くのも、その後ろめたさを少しでも振り払いたかったからだ。残留日本人二世として生まれた奈良博がサハリン日本人会の会長在任中に急逝してからは、償いの気持ちも重なった。

永住帰国してからは、札幌に隣接する江別《えべつ》の市営団地で朝鮮人の妻と二人で暮らしている。サハリンには、一九六八年生まれと七二年生まれの二人の娘を残してきた。長女か二女を同伴することもできたが、それではどちらかが一人ぼっちにされてしまう。善一は自分たち夫婦だけで帰国することを決めた。二〇〇〇年のことだ。

「菅生」の姓を使い始めたのは、一九九〇年代、日本サハリン同胞交流協会（現日本サハリン協会）が窓口になり、一時帰国を申請できるようになってからのこと。それ以前は、冷戦という国際情勢の下、個人レベルで煩雑な手続きをへて一時帰国や永住帰国をすることはできたが、非常にまれなケースであった。

善一が公式に一時帰国するには、朝鮮人の義父がつけてくれたキム・ソンギュに代わる日本名が必要であった。日本人の母・大井トミ子の姓を受け継ぐことも考えた。でも善一は、生まれてすぐに別れて顔も知らない実父・萬吉の姓を受け継いだ。

一九八二年、四〇年ぶりに帰国する母に同行して北海道に着いたとき、父は迎えに来てくれなかった。「何歳になったのか」。電話越しに交わしたこの言葉が、善一にとって唯一の生身の父だった。日本語は話せなくても、なんとか聞き取ることはできた。父の記憶は

北海道中国帰国者支援・交流センターで働く菅生善一

もちろん、写真一枚残っていなかった。

父に再会の意思がないことを知った善一は理解に苦しんだ。母に頼み、財産もなにもいらないから心配しなくていいと手紙を書いてもらった。父には、再婚して生まれた息子たちがいることは知っていた。

淡々としていたのはむしろ母だった。一九五〇〜六〇年代に旭川に暮らす妹との手紙のやりとりで萬吉の消息はつかんでいた。萬吉から離婚を求められたのだろうか、一九六〇年代半ばに妹への手紙で、トミ子は萬吉との離婚に同意すると伝え、金トミ子として生きてきた。故郷の地を踏んだ安堵からか、八五年に母は亡くなった。

キム・ソンギュは二〇〇〇年に永住帰国して、菅生善一として第二の人生を生きることになる。

1982 年の一時帰国のときの大井トミ子
（写真提供／菅生善一）

引き裂かれた家族

善一は一九四三年八月に名好《なよし》（レソゴルスク）で生まれた。両親はともに秋田の出身で、二人で樺太に渡り、善一を産んだ。

善一が生まれてからわずか二カ月後に父が出征した。一九四五年八月、ソ連軍が進攻して緊急疎開が始まると、大泊（コルサコフ）から引揚船が出ることを知ったトミ子は幼い善一をおぶって必死に港を目指すが、間に合わなかった。

母子はサハリンに取り残された。敗戦国民となった母子が占領下を生き延びるには厳しい現実が待ち構えていた。母は金龍鐘《キムリョンジョン》という朝鮮人男性と結婚した。彼も慶尚北道の安東《アンドン》に家族を残したままで、同じ境遇どうしの再婚だった。二人のあいだにも四人の子どもが生まれた。

しかし朝鮮人は、ソ連地区米ソ引揚協定により一九四六年一二月から四九年七月にかけて行われた日本人の前期集団引揚（二二〇ページ参照）で引揚船に乗り込むことが許されなかった。夫を残して自分たちだけで引き揚げるわけにはいかなかった。一家はサハリンに残ることにした。

善一は義父に感謝している。実の子と同じように育ててくれたからだ。キム・ソンギュとして朝鮮学校に通うのもごく自然であった。以来、日本語ではなく、朝鮮語を駆使しなければならなかった。

朝鮮語は大の苦手だった。ロシア語は満点の五点をとったが、朝鮮語はいつも二点どまり。五年生が終わる頃、父に頼んでロシア学校に転校させてもらった。一年留年して、五年生から一〇年生までロシア学校に通った。

一九一二年生まれの義父は栽培品種試験所に勤務し、作業班長となった。しかし旅行の自由もない無国籍のままでは仕事に支障をきたした。当局から強く促されたこともあって、家族は五四年にソ連国籍を取得した。

ところが一九五六年の日ソ共同宣言により、サハリンでは五七年から五九年にかけて日本人女性とその朝鮮人の夫が日本に引き揚げられることとなった（後期集団引揚、二三二ページ参照）。善一の家族も引き揚げの手続きを進めた。ソ連官憲は日本への引き揚げを好ましく思わなかった。すでにソ連国籍を取得した善一家族への風当たりは強かった。

それでも一九五九年には日本に引き揚げる手続きをすべて済ませた。しかし、ソ連は一番いい国だと教わった子どもたちは乗り気ではなかった。引き揚げ手続きの書類に不備があったことをいいことに、ソ連に留まるよう親に迫った。子どもたちの意見が勝った。

母のトミ子は悲嘆に暮れたが、日本に引き揚げたら、家族関係が複雑になることも覚悟しなければならなかった。韓国の安東にいる龍鐘の妻は、その帰りを待ちつつ二人の息子を育てていた。トミ子はそんな悩みも抱えていたかもしれない。

善一は高校を卒業して大学に進学した。しかし病気を患い、学業を断念するしかなかった。その後、一家はレソゴルスクからユジノサハリンスクに移住した。善一は病気から回復すると運転免許を取って、一九六六年からソフホーズ（ソ連の国営農場）でトラック運転手として働いた。

一九六七年、善一はポロナイスク（敷香《しすか》）からユジノサハリンスクに来てホームステイしている若者と友達になった。ポロナイスクに戻ったその友達は、数カ月後ひとりの女性を連れてきて紹介してくれた。のちに妻となる崔明子《チェミョンジャ》である。二人は翌六八年に結婚した。

家族の再会と再びの別れ

一九五〇年代後半に日本人妻と引き揚げた朝鮮人の夫たちが帰還運動を開始した（一三二ページ参照）。以来、サハリン残留朝鮮人の帰還をめぐって日韓は外交交渉を展開することになる。日本側にその責任を求める韓国は、まず日本へ帰還させるべきだと主張した。

しかし、一九五〇年代後半はまだ日韓の国交関係が正常化されておらず、帝国日本の朝鮮半島に対する植民地支配をめぐって日韓会談で激しく争われた時期であった。日本では戦後補償問題への認識はないにひとしく、それだけに日本の責任において、サハリンに残留する朝鮮人を引き揚げさせることは想定外のことであった。

一九七〇年代になると、サハリン残留朝鮮人が原告となって日本政府に帰還を求めた、いわゆる「サハリン裁判」も展開され、日本政府も徐々に道義的責任を認めるようになった。しかし、家族の再会という人道問題は冷戦体制に呑み込まれた。国益を重んじる関連国は、サハリン残留者の人道問題を解決する政治的・法的・道義的責任を軽視していた。

日本と韓国、ソ連のあいだの利害の歯車が動き始めたのは一九八〇年代になってからだ。永住帰国が実現するのはまだ先のことであったが、この時期にサハリンと韓国の家族が日本を訪問するかたちで、ようやく再会の道が開かれるようになる。

善一の家族もこうした波に乗ることができた。一九六〇年代から一時帰国できるよう嘆願を続けてきたが、ようやくその兆しが見えてきた。八二年に母・トミ子と善一が日本を訪問をした。しかし家族が再会するには、あまりにも長い月日が経っていた。『北海道新聞』に掲載された一時帰国の記事では、父のことは触れられず、旭川でのトミ子と妹との再会だけが紹介された。

一九八五年には、義父が実の息子（善一の異父弟）を連れて日本を訪れた。そこから韓国に向かい、四〇年ぶりに家族と再会したのだ。冷戦が終結してからは、韓国から直接、サハリンを訪問することも可能となった。韓国にいる龍鐘の妻と姉、そして長男がサハリンにやって来た。義父は一九九五年に帰らぬ人となった。

義父が亡くなると、善一はすぐに郵便局にかけつけ、電話で韓国の家族に知らせた。韓国の家族からは火葬してほしいと頼まれた。ほどなく長男がサハリンに来て父の遺骨を引き取っていった。義父は安東に眠っている。

一九八五年に亡くなった母・トミ子の墓はユジノサハリンスクにある。善一は、義父の韓国の妻から、トミ子の遺骨を安東にもってきなさいと言われた。トミ子を夫の側に眠らせてあげたかったのだろうか。義父の安東の妻は、再婚しないまま一〇〇歳近くまで生き、二〇一三年に他界した。善一と安東との交流はいまも続いている。

妻は「明子」から「多恵子」へ

日本への永住帰国に善一の妻・崔明子《チェミョンジャ》は乗り気ではなかった。善一はなんとか妻を説得したものの、朝鮮人の妻にとって日本はまったくの別世界であった。

永住帰国して江別に落ち着いていても、サハリンの生活をなつかしんだ妻は、日本語を覚える気もなく、ロシアのテレビや新聞ばかり見ていた。ところがある日、自転車で転んだ際、助けに来た人が日本語のできない自分に驚いて去って行った。その悔しさから歯を食いしばって日本語を身につけた。

永住帰国してよかったと思うようになったのは、二〇一〇年になってからである。挨拶もままならなかった帰国当初が想像できないほど、いまや近所付き合いにも慣れてきた。それには釣り好きの夫がもってくる魚や家庭菜園で育てた作物が一役買っている。

「多恵子」という日本名は日本サハリン同胞交流協会の関係者がつけてくれた。永住帰国の手続きでは崔明子の姓だけを菅生にして、菅生明子で申請した。すると当然のように「アキコ」と呼ばれた。アキコでもタエコでも日本式の名前になることは変わりなかった。それならいっそのこと日本式にするのも悪くはないと

北海道新聞（夕刊）　昭和57年（1982年）5月7日（金曜日）

サハリンから念願の一時帰国

35年ぶり妹と再会

郷里の春を心ゆくまで

美瑛町出身の大井さん

第二次世界大戦中にサハリン（樺太）に移住し、敗戦後ずっとソ連人として暮らしてきた美瑛町出身の女性が、四十年振りに旭川市内に住む妹のところへ一時帰国。姉妹水いらずで懐かしい故国の春を満喫している。

一時帰国したのは旭川市の友好都市でもあるユジノサハリンスク（豊原）市に住む大井トミ子さん（[illegible]）と長男の善一さん（[illegible]）。二人は四月二十三日から二カ月の予定で戦後初めて日本に帰り、現在は旭川市永山八ノ八、国鉄職員敏茂さん（[illegible]）宅にいる。トミ子さんは敏茂さんの妻、恵美子さん（[illegible]）の実姉に当たり、三十五年振りに再会した。しかし、過去二十年、文通を続けていたため、トミ子さんは「久し振りという感じはしなかった。笑顔で対面出来ましたし…」とニコニコ。

トミ子さんは美瑛町の雑貨屋の六女として生まれた。東京に移ったあと、母親が死に、戦況も険しくなったため、十七年に八女の恵美子さんと二人で叔父の住むサハリンへ渡った。しかし、敗戦時の混乱で家族は離散。トミ子さんは息子の善一さんを連れて逃げまどったという。恵美子さんは二十二年に一人で日本に引き揚げた。

その後、ラジオの尋ね人番組で三十五年に姉妹の消息がつながり、以来文通を続けてきた。他の親類は神奈川県に七女の人がいるだけという。トミ子さん、善一さんともソ連国籍を取得しているが、血は日本人。「ぜひ生きているうちに日本をひと目見たい」という念願がやっとかなった。

トミ子さんはユジノサハリンスクで主人や善一さん夫妻、二人の孫に囲まれ幸せな生活を送っているそう。やはり在留邦人も二十人ほどおり、仲良く暮らしているという。トミ子さんは「昔はもっと自然が多かった」と旭川の変ぼうぶりにびっくり。そして「やっと祖国に帰れてうれしい。妹も幸せな生活をしているし、サハリンに戻っても心残りなく暮らせます」と話している。トミ子さんらは六月上旬に東京に向かい、両親の墓参りをしたあとサハリンに帰る予定だ。

サハリンから一時帰国した大井トミ子さん（左）善一さん（中央）母子。右は妹恵美子さん

トミ子(左)と善一の一時帰国を伝える　『北海道新聞』(1982年5月7日付)

思い直し、永住帰国後、菅生多恵子として日本国籍を取得した。

多恵子は一九四三年に、朝鮮半島と満州の国境付近で生まれた。日本敗戦後、日本人の引き揚げによって不足する労働力を補うべく、ソ連政府は一九四六年から四九年にかけて北朝鮮からおよそ二万人の労働者を受け入れた（二二四ページ参照）。それに同伴する家族も少なくなかった。契約期間は二年あるいは三年で、ほとんどは漁業や林業に従事したが、朝鮮戦争の勃発によりサハリンにとどまった者も多かった。四八年に北朝鮮からサハリンへ労働者として派遣された多恵子の父もそのひとりであった。父は、六一年に多恵子の母が亡くなると失意に沈み、六六年に北朝鮮に帰国した。

娘たちを残して永住帰国へ

すっかり日本の生活にも馴染み、日々の暮らしに満足している菅生夫婦だが、サハリンの娘たちは両親だけを日本に行かせたのが気がかりだ。親について日本に行かなかったのは、姉妹のどちらかが残されるようなことはしたくなかったからである。でもそれ以上に、これまで積み上げてきたキャリアを捨ててまで日本へ行く気はしなかった。

長女のアリョーナは、ウラジオストクの極東国立大学でロシア語・ロシア文学を専攻し、長年学校で教鞭をとった。いまはサハリン州政府の青少年課に勤務している。両親が永住帰国することになったとき、当然ながら同伴帰国も考えた。しかし夫はロシア人で、子どもも二人いる。家族が日本の生活に馴染めるかどうかが心配だった。

アリョーナも、自分は「アジアン」ではあるが、日本人の生活スタイルは合わないと思っている。なにより「ロシア語を深く知りつくしていると感じる」教師として、それと同じレベルまで日本語が上達する自信はなかった。

二女のイーラはエステティシャンとして確かな腕をもっている。母の日本語の驚異的な上達を見て、自分にもできる自信があった。しかし美容や医療関係の資格が日本で通用しないことは、先に帰国した人たちの境遇から知っていた。エネルギー関連会社に勤める夫のディーマは働き盛りで、サハリンではそれ

左から、イーラ・善一・多恵子・孫娘（アリョーナの長女）。札幌で

なりの生活水準で暮らしている。

　イーラは朝鮮人として育ってきた。日本人の血を引いていることは、祖母が日本人であったのでうすうす気づいていた。祖母は日本の雑誌をよく読んでいたし、日本語で手紙も書いていた。来客には日本語をしゃべる人も多かった。ただ、生活のなかで日本的なものと接する機会が多いサハリンでは、日本人の血が流れていることは特異なことではなかった。

　一九八二年に祖母と父が日本に一時帰国したことはいまでもはっきり覚えている。いつからか「菅生」という姓も聞こえるようになった。だからといって親が日本に永住帰国するとは夢にも思わなかった。一九九〇年代からはたびたび日本を訪問するようになり、親の永住帰国は現実になっていった。

　それでも両親が体調をくずしたりすると、イーラはいてもたってもいられず、日本に行って親の面倒をみようと、いろいろ調べて書類をそろえたりもした。しかし両親からは、自分たちの道を進むようにと言われ、踏みとどまった。

北海道・サハリン・仁川

　イーラは、両親が永住帰国して寂しかったのは確かだが、日本の方が安全で医療環境が整っている分、正直ほっとしたところもある。いずれは親元で暮らすことも考えている。しかし、面倒

ディーマとイーラ。ユジノサハリンスクの郊外で

をみなければならない親は韓国にもいた。

イーラの夫のキム・ディーマも朝鮮人で、両親は二〇〇七年に韓国の仁川《インチョン》に永住帰国した。韓国では、二〇〇〇年の安山への集団帰国後は、入居者が死亡して「空き」が出れば、サハリン残留者を受け入れるという政策をとってきた。しかし、二〇〇七年からは各自治体も受け入れに乗り出したので、ディーマの両親は仁川の公営住宅に入居できたのである。母が健康上の不安を抱えるだけに、ディーマに両親が韓国に永住帰国することへの躊躇はなかった。しかし永住帰国から五年後、母は世を去った。

ディーマは一九九六年に父の金炳守《キムビョンス》に勧められて札幌で日本語を学び、その後しばらく働いた経験がある。両親は日本語でよく内緒話をした。自分が日本語ができるようになってからは朝鮮語で内緒話するようになったことが、ディーマには気にくわなかった。父は日韓ロの三カ国語が達者である。

ディーマは札幌滞在時に、たまたま親元を訪ねて北海道に来ていたイーラと出会った。二人は同世代で、サハリンでは同じ町で育っていたが、それまで接点はなかった。二人には札幌が運命の街だった。夫婦は札幌と仁川の親元を訪ねるのが年中行事となっている。

二〇一四年四月、父の八〇歳の誕生日にも、ディーマはイーラと韓国に向かった。モスクワからはディーマの兄一家もやって来た。北海道からは菅生夫婦も駆けつけた。前年の善一の七〇歳の誕生日にサハリンで家族が集まったときは、炳守が「逆訪問」して合流した。

ディーマとイーラ（右）。ソウルで

韓国への永住帰国者にはサハリンに残した家族との再会を支援するため、二年に一度の「逆訪問」の機会が与えられているのだ（二四〇ページ参照）。一方、日本サハリン協会は、サハリンに残留した人たちの、日本への一時帰国を支援する事業を展開している。

日韓ロの三つの文化が共存しているディーマとイーラのメンタリティにはボーダー（境界）はないが、いずれ日本か韓国で生活することもありうると考えている。ディーマには日本での生活の経験もあるし、イーラには両親がいる。ただし二人で両方を訪れるようになってからは、韓国の生活スタイルの方がロシアに近いと徐々に思うようになった。とはいっても、二人が自己実現できる場所はロシアで、それ以外のところでの仕事は考えにくい。なによりもロシア人としての意識が自分たちには刻印されている。

サハリン残留者に対する日本と韓国の帰国政策が異なるため、サハリンの日韓家族はロシア・日本・韓国に分かれて暮らすこともよくある光景だ。しかしそこには、これらの人たちがそれぞれの帰国制度を活用しながら築いていく、三カ国にまたがるトランスナショナルな生活空間がある。

日韓ロをまたいで

ディーマの父・金炳守はまさに日韓ロを行き来する人生を生きてきた。

ディーマの父・金炳守。仁川で

炳守の父は大正時代に朝鮮半島の江原道・江陵《カンヌン》から日本に出稼ぎに来たという。各地を転々としたあと樺太にたどりついた。その父を追いかけて、母が炳守の兄である長男を連れてサハリンにやって来た。一九三四年に炳守はそこで生まれた。

炳守は一一歳のとき終戦を迎えた。朝鮮語は一言も話せなかったが、帰国を予想した父は子どもたちに朝鮮語を習わせた。三年間、朝鮮学校に通って猛勉強し、卒業してから朝鮮語を教えるほどの実力をつけた。タラナイ（多蘭内《たらんない》）の学校で教師となったが、生徒のほとんどは北朝鮮から来た漁業労働者の子弟であった。しかし給料が少なすぎてすぐにやめた。

その後ハバロフスクの鉄道大学で建築工学を学び、設計会社に勤めて技師長まで登りつめた。日ソ関係が回復して日本語の需要が高まると、仕事の傍ら日本語を教えることも増えた。それがきっかけで、モスクワの財務省から造船所関連の日本出張に通訳として派遣された。下関の三菱重工業を拠点に、およそ半年のあいだに門司・小倉・熊本・別府・広島・大阪・東京にも足を運んだ。一九七〇年の大阪万博ではソ連館の通訳も担当した。

一九七一年にもスポーツ交流の関係で札幌・小樽に一〇日間滞在し、一九九六年には大阪・京都・神戸に観光の通訳として同行したりもした。日立など日系企業に勤めたときも日本出張があった。

炳守の兄の炳海《ビョンヘ》は体格に恵まれ、一八歳のとき相撲大会で優勝し、相撲界に入って「清港《きよみなと》」という四股名で活躍したが、空襲を恐れた母が樺太に呼び戻した。

炳海はサハリンで済州島出身の女性と結婚した。この女性の家族は恵須取（ウグレゴルスク）の太平炭鉱で働いていた。戦前、済州島出身者の一大コミュニティがある大阪と恵須取には定期船が運航していたこともあり、済州島から大阪に移動した人がさらにサハリンにやって来たのだろう。恵須取や隣町の塔路（シャフチョルスク）の炭鉱には、済州島出身者が多かったとされる。その後ソ連崩壊後、金炳海はビザを得て妻と日本を訪問し、大阪で暮らす妻の兄にも会った。その後は東京の相撲協会にも行くつもりだったが、大阪で病に倒れ、そのまま帰らぬ人となった。

炳守の弟は一九五〇年代後半に北朝鮮に渡ったまま行方不明になった。ともに北朝鮮に行った弟の友人がある日突然あらわれ、当局に連れて行かれたことを伝えてくれた。その後、なんとか義妹の連絡先を突きとめて送金もした。一度礼状が来ただけで、その後便りはなかった。

病気の妻を連れて韓国に永住帰国した炳守は、看病に明け暮れる毎日であったが、二〇一二年にその妻は亡くなった。台所に入ることすら許さなかった妻だった。台所に立つ父の姿を想像できない息子たちは、母亡き後の父が心配でたまらない。モスクワの長男は毎日のように電話をかけてくる。

じつは、二〇一四年の自らの誕生日は、再婚の記念パーティーでもあった。同じく独り身となった帰国者と余生を共にすることにしたのだ。二人はバリ島、済州島、九州にも旅行した。帰国先は決して「終の棲家」ではなく、もうひとつの生きる場である。

韓国に「永住帰国」した日本人女性——平山清子《ひらやまきよこ》／シン・ボベ

韓国・安山への永住帰国

サハリン残留〈日本人〉女性で、日本ではなく韓国に「帰国」した人は少なくない。二〇〇〇年に韓国への永住帰国が本格化すると、多くのサハリン残留朝鮮人の一世が故郷へと向かった。その配偶者には日本人女性もいた。二〇〇〇年のサハリン残留朝鮮人の集団永住帰国の際、夫のパク・ナムスとともに安山に定着したシン・ボベ（日本名・平山清子）もそのひとりだ。

ボベは一九三九年にサハリンのクラスノゴルスク（珍内）で生まれた。四人きょうだいの三番目の子だ。その後、一家はボシニャコーボ（西柵丹《にしさくたん》）に移った。父・申彦珍《シンオンジン》は朝鮮半島の江原道出身で一九〇〇年に生まれた。植民地時代に日本に出稼ぎに来て北海道の美唄の炭鉱で働き、そこで白戸《しらと》ツキと出会った。ツキは夫を亡くしてひとりで女児を育てていたが、彦珍と再婚したのだ。当時彦珍は、申姓の本貫[註]である「平山」を名乗っていた。

彦珍とツキのあいだにも長男（勝公《かつみ》）と二男（梶夫《かじお》）が生まれた。そして一九三六年に樺太に渡ることになるが、ツキは前夫とのあいだに生まれた長女を実家の母に預けるしかなかった。それによってツキと娘は樺太と北海道で別れて暮らすことになり、戦後、ツキがサハリンに残留を強いられることで離れ離れとなった。母娘が再会するのは、一九八〇年にツキが一時帰国したときのことであった。これは母がサハリンに残留し、娘が日本にいるケースにあたる。

ボベの下には一九四六年生まれの妹の弘子がいる。敗戦の直前に父の彦珍が炭鉱で作業中に事故に遭い寝たきりとなった。日本人の母は、朝鮮人とのあいだに生まれた四人の子どもとともに、戦後のサハリンを生き抜くことになる。彦珍は回復しないまま、四八年に死亡した。

ボベは一九四五年に小学校に入学するが、敗戦により日本学校は閉校となり朝鮮学校に移行したため、四六年にはふたたび朝鮮学校の一年生となった。名前は平山清子からシン(申)・ボベに変わり、それからは朝鮮語を学ばなければならなくなる。ただ、日本人の母

安山の「故郷マウル(村)」

とは日本語で話したので、いまでも日本語に不自由はない。田舎町の地元の朝鮮学校は四年生までしか設置されておらず、ボベはレソゴルスク（名好）の朝鮮学校で七年生を卒業した。

ソ連の主流社会への進入

一九四六年から四九年までの前期集団引揚（二二〇ページ参照）によって引揚船が出港するが、夫が朝鮮人で、しかも寝たきりの状態だったこともあり、ツキは日本に引き揚げることができなかった。

ボベが一三歳（数え歳）になった一九四九年に、母は朝鮮人のイム（林）・ジェフンと再婚した。すでに長兄の勝公が一九歳、次兄の梶夫が一六歳に達しており、ボベにとっても育ての親という感覚はなかったが、彼は面倒みのいい人で血縁に関係なく家族を大事にしてくれた。全羅南道の莞島《ワンド》出身の義父は、故郷に妻と二人の息子を残していた。

長兄と次兄は高等教育を受け、ソ連社会に適応しようとした。それは母の希望でもあった。そのために一家は一九五四年にソ連国籍を取得した。勝公はシベリアのケーメロボの技術学校で学び、梶夫はトムスク工業大学の電力学部に進んだ。したがって、一九五七年から五九年までの後期集団引揚（二三一ページ参照）のときも、長男は成人し、二男も大陸の大学で学んでいたこともあり、日本に引き揚げられる状況ではなかった。

しかしツキはこの時期、ボシニャコーボに日本の船が入港すると、船長を自宅に招いてウォッカでもてなしていたように、日本に帰国する夢をあきらめてはいなかった。そんな母を前に、子どもたちは決して「日本に帰りたい」と口にすることはなかった。

ボベは学校卒業後、ウグレゴルスク（恵須取）の洋服店で裁断士の仕事に就き三〇年間働いた。見習いとして経験を積んだのち、七年間は紳士服をつくったが、その後は婦人服をつくるようになった。

結婚は二〇歳（一九六〇年）のときだった。一九六〇年と六五年に長男と長女が生まれたが、六八年に夫を亡くした。そして七〇年にいまの夫であるパク・ナムスと再婚した。パクは慶尚南道出身で、幼い頃に一家が日本に渡り、小田原で農業を営んでいたという。そ

シン・ボベ、パク・ナムス夫婦。安山・故郷マウルの自宅で

こから一家はサハリンに渡って来た。

母とともに一時帰国

母・ツキは一九八〇年、北海道滝川市に住んでいた弟の招待で四三年ぶりに日本に一時帰国した。北海道には、ツキの親族と幼くして残してきた長女がいた。母の一時帰国にボベが同行した。八月二九日にナホトカを出港した船は、津軽海峡をくぐり、五四時間かけて横浜に到着した。港にはボベの異父姉が出迎えに来ていた。サハリン残留日本人の一時帰国はまだ珍しく、ツキ母娘の再会場面にはメディアが殺到した。歓迎ぶりに戸惑うボベは、母の一歩下がったところでその再会場面を眺めていた。

取材や政府関係者との面談もあり、東京には四日間滞在した。日本政府の配慮により、プリンスホテルの二三階に宿泊するなど手厚くもてなされた。その後は北海道へ移動して二カ月ほど過ごした。母は滝川の叔父、ボベは砂川市に住んでいた異父姉の世話になりながら、親族を訪問したり旅行を楽しんだりした。長期の滞在なのでお金も用意しなければならなかったが、現金で八〇〇ルーブルもってきたら約三〇万円になった。

ボベにとって日本は素晴らしいところであったが、あまりにも礼儀正しく、息苦しさを感じた。そのとき叔父からは、「うわべだけでなく中身を見なさい」と言われた。ボベは叔父の言葉が、日本は経済的に発展していても実際の生活は厳しいと言っているように聞こえた。

ツキは娘と再会を果たすが、母との再会は叶わなかった。ツキの母は一時帰国の数年前に亡くなっていた。ツキは母のハンドバッグを形見として持ち帰った。一時帰国を果たしたツキは、二年後の一九八二年にこの世を去った。そのハンドバッグはいま、ボベが母と祖母の形見として大切にしている。

この一時帰国は、母・ツキにとっては娘や親族と再会する長年の悲願であったが、それはボベの家族に思わぬ試練をもたらした。大学在学中に入隊した長男は能力が認められ、二年間教育を受けると将校になるコースを勧められた。手続きのために大学を退学して書類をそろえたものの、ボベの訪日が原因となって将校コースに進む決定が取り消されたのだ。

その後、長男は専門学校の教員になるが、勤務中に心筋梗塞で倒れ、息を引き取った。まだ三〇歳の若さであった。ボベは、自分が日本に行ったばかりに長男の夢が断たれ、結局若死にさせてしまったと自責の念にさいなまれた。

1980年の一時帰国の際に政府関係者と面会したツキ（左から2番目）とボベ（中央）。右端はボベの異父姉（写真提供／シン・ボベ）

義父の家族を捜して

一九九〇年代のロシアの経済破綻により、サハリンでも厳しい生活が続いた。さらに夫のパク・ナムスは、徐々に視力を失っていった。サハリンでは治療の方途がなく、モスクワでの手術も成果はなかった。夫は結局、九五年に失明した。

ボベは二〇〇〇年に夫とともに韓国に永住帰国したが、当初はサハリンに残してきた娘のこともあり、四年ほど働いてサハリンに戻るつもりであった。安山の故郷マウルは予想以上に住み心地がよく、今日まで一五年間住み続けている。

モスクワに移った娘は、ビジネスを展開するも振るわず、その後離婚したこともあって、ボベが韓国に呼び寄せた。サハリンの自宅を売り払って、呼び寄せる資金にあてた。娘と孫はいま安山の工場で働いている。工場生活は勤務時間も長く辛いが、ボベがひ孫の面倒をみたので、安心して勤めることができた。娘は母のいる韓国に永住することを決めた。二〇〇〇万ウォン（約二〇〇万円）を一年間銀行に預ける条件は厳しかったが、なんとか二〇一五年一一月に永住権を手に入れた。

次に心配なのが一九八六年に他界した義父（イム・ジェフン）の墓であった。母の墓は、サハリンにいる亡くなったボベの長男の息子が管理しているが、同じ墓地内にあるとはいえ、義父の墓までは手がまわらない。法事をしてくれる人もいないのだ。ボベは、いつか義父から、ボベの息子を自分の養子にしてくれないかと言われたことがある。そのときは冗談とばかり思って聞き流した。しかしいまとなっては、義父は他郷の土になって法事さえしてもらえない哀れな死後を憂いていたのではないかと思えてならない。

ボベは、義父が全羅南道の莞島に妻子を残していることは知っていた。義父が莞島を飛び出して日本に向かったのは、もっと広い世界で生きたいという憧れがあったからだ。義父はその後サハリンに渡り、戦争が終わっても残留を強いられることになると、次第に故郷を偲ぶようになる。

一九八五年のある日、韓国KBSラジオ（社会教育放送）の「尋ね人」放送で、莞島の義父の家族が父を捜しているという知らせが舞い込んだ。そこでボベは、義父に韓国へ連絡をとるように促した。義父は「故郷にいる子どもたちに鉛筆一本買ってあげられなかった」と、父親の役割をなにひとつ果たせなかったことに責任を感じて、莞島の家族とは連絡をとろうとしなかったのだ。

そのとき義父から聞き出した莞島の住所をボベは覚えていた。せめて法事でも行ってもらえるようにと、ボベは義父の家族を捜し出すことを決めた。一九九三年に韓国に一時帰国した際にKBSに頼んで調べてもらったが、手がかりをつかめなかった。二〇〇〇年に永住帰国してからも、莞島で義父の名前を言って聞き回れば見つかるだろうと楽観視したが、なかなか実行に移す機会を得られなかった。

故郷マウルのサハリン帰国者の団体に問い合わせてみたが、それもうまくいかなかった。ある日、通院中に馴染みとなったバスの運転手に事情を話したところ、哀れに思った彼は遺族捜しに一肌脱ぐと言ってくれた。彼は、莞島の羅州林氏の宗親会（姓と本貫が同じ一家の集まり）に連絡した。本貫ごとに組織されている宗親会は各地域に存在しており、莞島は羅州林氏の集中居住地であったので、そこを通じて林氏が多数居住する村の村長の連絡先を入手した。その連絡先に電話して事情を話したところ、驚いたことに、その村長は自らの境遇と非常に似ていると言うのであった。

義父の親族との出会い

ボベがすぐに、義父の長男と思われる人に連絡すると、数日後、兄弟が安山にやって来た。ボベは義父の写真を見せた。「これがあなた方の父です」。しかしイム・ジェフンは、兄弟が幼い頃に莞島を離れたため、二人には父の記憶がない。写真の人物がほんとうに父親なのか、彼らは首をかしげるしかなかった。

しかも兄弟は、なにか打算が働いてボベが自分たちを捜しているのではないかと疑っている様子だった。それに気づいたボベは、義父の命日を家族に知らせ、法事をしてもらえればそれでいいときっぱりと言った。そして自分はこれで目的を果したので、別に親戚付き合いしたいとまでは思っていないと伝えた。

するとは息子たちは、大田《テジョン》に叔父がいるので、一緒に行って確認してほしいと申し出た。大田の叔父という人は背も低く、義父とは似ていると思えなかった。しかし彼は写真を見て自分の兄に間違いないと言った。これで息子兄弟はボベの義父が父親であることを確信した。二〇〇三年のことだった。

二〇〇四年に韓国で制定された「日帝強占下強制動員被害真相糾明に関する特別法」を受けて、二〇〇六年には戦前にサハリンに強制動員された人びとの国家レベルの調査が開始された。そして強制動員された事実が認められれば、慰労金が支払われることになった。サハリンの場合、募集や徴用によって現地に動員されながらも残留を強いられ、帰還できずに一九九〇年以前に死亡した人も被害者に含まれた。

義父の息子たちがボベの自宅を訪ねてきて、父がサハリンに動員されて残留を余儀なくされたことを陳述してくれるよう要請した。被害者認定の申請には、ボベの協力が欠かせなかったのだ。イム・ジェフンは強制動員の被害者であることが認定され、息子たちに補償金二〇〇〇万ウォン（約二〇〇万円）が支給された。

補償金を受け取ったことを義父の息子たちはすぐに知らせてくれなかった。なんの誠意も示されなかったことについて寂しく思ったが、ボベはこれで義理の娘としての責任が果たせたと感慨にふけった。

義父の遺骨を故郷へ

その後も義父の息子たちとはたびたび連絡をとり合った。息子たちからはサハリンに連れて行ってくれないかとしきりに言われたが、目の見えない夫をひとりにさせるわけにはいかなかった。ようやくボベが二〇一三年にウグレゴルスクに行くことになったので彼らに伝えると、自分たちもぜひ連れて行ってほしいと言い出した。父の墓参りをして遺骨を韓国に安置したいと言うのだ。彼らだけでは父の墓を捜すことはできないだろうから、ボベは承諾した。

サハリンには二男が同行した。ボベの友人に葬儀屋がいたので、わずか三日で土葬してある遺骨を焼骨して手続きまで済ませ、それを持ち帰ることができた。そのとき二男は、ボベの母の遺骨も一緒に持ち帰ることを提案した。母の墓が近場にあればボベにも都合はよかったが、日本人の母を韓国に連れて行くわけにはいかなかった。母の墓はサハリンで孫が管理している。

息子たちはすでに莞島にある母の遺骨も焼骨していた。それとサハリンから持ち帰った父の遺骨をひとつの骨壷に納めて、祖国の土になりたい在外同胞の人たちのために整備された忠清南道の天安《チョナン》にある「望郷の丘」に安置した。多くのサハリン残留者の遺骨もここに納められている。

後日、義父の息子から父の墓参りに行かないかと連絡があった。そのときは都合がつかなかったが、翌年（二〇一四年）五月、日本の「母の日」「父の日」にあたる「父母の日」に二男の婿が来て案内してくれた。

それぞれの永住帰国

ボベの長兄・勝公は、技術学校を卒業してハバロフスクで仕事をし、二〇〇七年に韓国に永住帰国した。ボベと同じ安山の故郷マウルに暮らしている。妹の弘子も一時期ハバロフスクで生活し、その後、韓国の忠清北道に永住帰国した。

一方、次兄の梶夫は二〇〇二年に日本に永住帰国した。電気技師となった梶夫は火力発電所などで働き、一九九一年に年金生活者となった。この時期、ユジノサハリンスクにＮＨＫの支局が開設されると、梶夫は日本語とロシア語の能力を活かして通訳・翻訳者として働いた。敗戦当時は国民学校五年生

安山・故郷マウルの自宅で

だったので日本語も達者だ。その後朝鮮学校に通って、さらにロシア学校に進学した。朝鮮学校に移ってからは申泳順《シンヨンスン》と名乗り、以来この名前で生きてきた。

一九九〇年には「樺太同胞一時帰国促進の会」の第一次訪問団に加わり、一時帰国を果たしていた。そのときからふたたび平山梶夫を名乗ることになった。この一時訪問で梶夫は北海道にいる異父姉と再会した。自分の記憶にはないが、五四年ぶりの再会だった。

梶夫は自分を歴史の犠牲者だとは思っていない。日本のラジオをとおして中国残留孤児の帰国のニュースを聞くと、なぜサハリン残留日本人だけが帰国できないのかという痛切な思いを抱くこともあったが、自分が引き揚げられなかったことを悔んだりはしなかった。それでもつねに日本人としてのアイデンティティを持ち続けた。

梶夫は二〇〇〇年に日本に永住帰国して、札幌で妻と暮らしている。一五年春にボベは梶夫のいる札幌を訪れた。永住帰国する前は、平山きょうだいはサハリンのユジノサハリンスクやウグレゴルスク、そして大陸のハバロフスクにそれぞれ暮らしていたが、日本と韓国に永住帰国することで会う機会が増えた。梶夫もたびたびきょうだいのいる韓国を訪れる。

ところでボベのせっかくの日本訪問も長くは続かない。前述したように、安山にひとりでいる夫が気になってしかたないのだ。夫のナムスはボベがいなくなると、自分を置いてサハリンに帰ってしまったと思い、食事もとらなくなるからだ。夫を気づかって、サハリンに「逆訪問」したのは二〇一三年が初めてであった。そのときも予定を切り上げて早々と韓国に戻った。

日本人としての意識が強い梶夫は日本に、若いとき母につきそって訪日して息苦しさを感じたボベは韓国にいる。平山きょうだいは、それぞれの永住帰国先を選んで、日本と韓国に分かれて生活している。舞台はサハリンとハバロフスクから北海道と安山に変わったが、永住帰国してもきょうだいが行き来することに変わりはない。

【註】

本貫とは宗族の始祖発祥の地を指す。朝鮮人の名前は、本貫・姓・名からなるが、本貫は名前にはあらわれず、姓は一字からなるものが多い。同じ姓でも本貫が異なれば始祖が別であることを示す。例えば、金海金氏と全州金氏の場合、本貫が金海と全州で異なる。在日朝鮮人が通称名を用いる場合、一九三九年に実施された創氏改名への抵抗として、金海金氏であれば本貫を用いて「金海（かなうみ）」と名乗ることは珍しくない。ちなみに、韓国元大統領の金大中は金海金氏、北朝鮮の元指導者の金日成は全州金氏。（国際高麗学会日本支部『在日コリアン辞典』編集委員会編『在日コリアン辞典』〈明石書店、二〇一〇年〉の「本貫」の項目参照。）

淡中詔子さんの家族パーティー翌日の昼食

サハリンで生きる

トマリの土になる——石井ヨシ

「泊居《とまりおる》」から「トマリ」へ

サハリン西海岸にある港町・トマリの地名は、樺太時代の泊居と響き合う。というのも、トマリは南サハリンを占領したソ連が戦後に大々的に取りかかった地名の変更で、「トマリ・オロ」（港の内）という、アイヌ語の地名に由来してつけられた二つの地名のうちの一つなのだ。地名のみならず、サハリン州政府が歴史的遺産として保存する泊居神社の鳥居や石碑、そして王子製紙の工場跡地が当時の面影を漂わせる。

戦前の泊居は製紙業や水産加工業で栄え、一九三七年に久春内《くしゅんない》（イリインスク）に鉄道が延伸するまで樺太西線の北の終点であった。その以北のウグレゴルスク（恵須取）やレソゴルスク（名好）までは、路盤工事が進んでいただけでまだ整備されていなかった。そこまで鉄道が開通するのはソ連時代のことだ。

泊居神社の跡地に残る鳥居

左／戦前の王子製紙泊居工場（写真提供／全国樺太連盟）　右／王子製紙泊居工場の跡地

一九八〇年代には、サハリン島で横断距離が二八キロの最狭部に鉄道が通ることで、ユジノサハリンスクから西線を経由せず、東線でトマリまでたどりつけるようになった。それでも夕方に出発すれば、一晩かけて翌日の未明に到着する、一日一本の長い道のりを人びとは行き来している。

敗戦前に人口が一万人を超えたトマリは、戦後も水産業やビール工場、レンガ工場など産業施設でにぎわった。しかし日本統治期に造成された碁盤の目の旧市街地は廃れ、空き地と空き家が目立つ。小高い丘に色とりどりのマンションが並ぶ、新しい市街地とのコントラストが際立って見える。その新市街地の一角に石井ヨシは暮らしている。

八月一五日のお盆になると、海岸沿いにある丘の上の墓地には、そこかしこに墓参りする人だかりが見られる。その多くは朝鮮人の墓だ。ヨシの朝鮮人の夫もここに眠っている。その片隅にはソ連参戦後に戦禍に巻き込まれ犠牲となった日本人の鎮魂碑が立つ。

ヨシは夫の墓参りを終えたところだった。膝を痛めているヨシ

左／戦前の泊居（写真提供／札幌市中央図書館デジタルライブラリー）　右／トマリ町全景

は、車がないと墓参りはできない。この日（二〇一四年八月一五日）は孫娘が付き添ってくれた。そして四女のトーマがオープンしたばかりのカフェで著者らを迎えてくれた。

ヨシは手土産として渡した日本の雑誌をうれしそうに受け取った。日本の雑誌を読むのが楽しみだが、トマリではなかなか手に入らない。一九九〇年代初め、ユジノサハリンスクにサハリン日本人会の事務所がオープンすると、日本サハリン同胞交流協会の小川映一《おがわよういち》事務局長（当時）は現地の要望に応えて日本の書籍を大量に送った。小川はトマリの石井ヨシも遠隔地からよく本を借りに来たと回想する（日本サハリン協会編『樺太〈サハリン〉の残照』、二〇一五年）。

日本には三年ほど前に訪問したきりだ。これまでたびたび一時帰国したが、最近は膝を

朝鮮人の墓参り（撮影／玄武岩）

痛めて歩きづらくなった。北海道のきょうだいに会いにいくことはもうあきらめている。ヨシはトマリで人生のほとんどを過ごした。そしてトマリの土になるつもりだ。

敗戦・結婚・残留

石井ヨシは一九二八年に福岡で生まれた。五歳のとき父親が亡くなると、母は五人の子どもを連れて実家のある北海道に向かった。母のきょうだいが樺太にいたので、一家はそこから樺太に渡った。

東海岸の近幌《ちかほろ》（チーハヤ）の小学校に入学したヨシは、まもなく真岡（ホルムスク）に移った。母が北海道出身の男性と再婚したのだ。小学五年生になると泊居で暮らすことになり、以来ずっとここで生きてきた。

トマリの日本人鎮魂碑

一九四五年八月一一日、ソ連が樺太の占領作戦を本格化すると、樺太庁は北海道への緊急疎開を開始した。泊居でも避難を急ぐことになるが、「金持ちは大変だっただろうが、貧乏人はそんなことする必要もなかった」。ヨシの家族は現地にとどまることにしたのだ。若い女性たちは髪をばっさり切って男装したという話は聞いているが、怖かった記憶はヨシにはあまりない。

敗戦後はヨシも森林の伐採作業に駆り出された。トマリから北のイリインスクの山に入り、伐木の枝を燃やすボサ焼きや運搬路の整備作業にあたった。力仕事は北朝鮮からの派遣労働者が担っていた（二二四ページ参照）。朝鮮人の労働者と日本人の娘たちが一緒になって作業したのだ。

ヨシの父も同じ作業場で働いた。ある日、父は崔《チエ》という朝鮮人男性を連れてきた。彼は戦前に大阪で生活し、解放とともに故郷の北朝鮮に帰ったが、一九四六年に派遣労働者に応募して千島で働いた。そこでロシア語を学び、通訳としてサハリンに来たという。父は彼を優れた人だといって高く買っていて、ヨシの結婚相手にする心づもりだった。

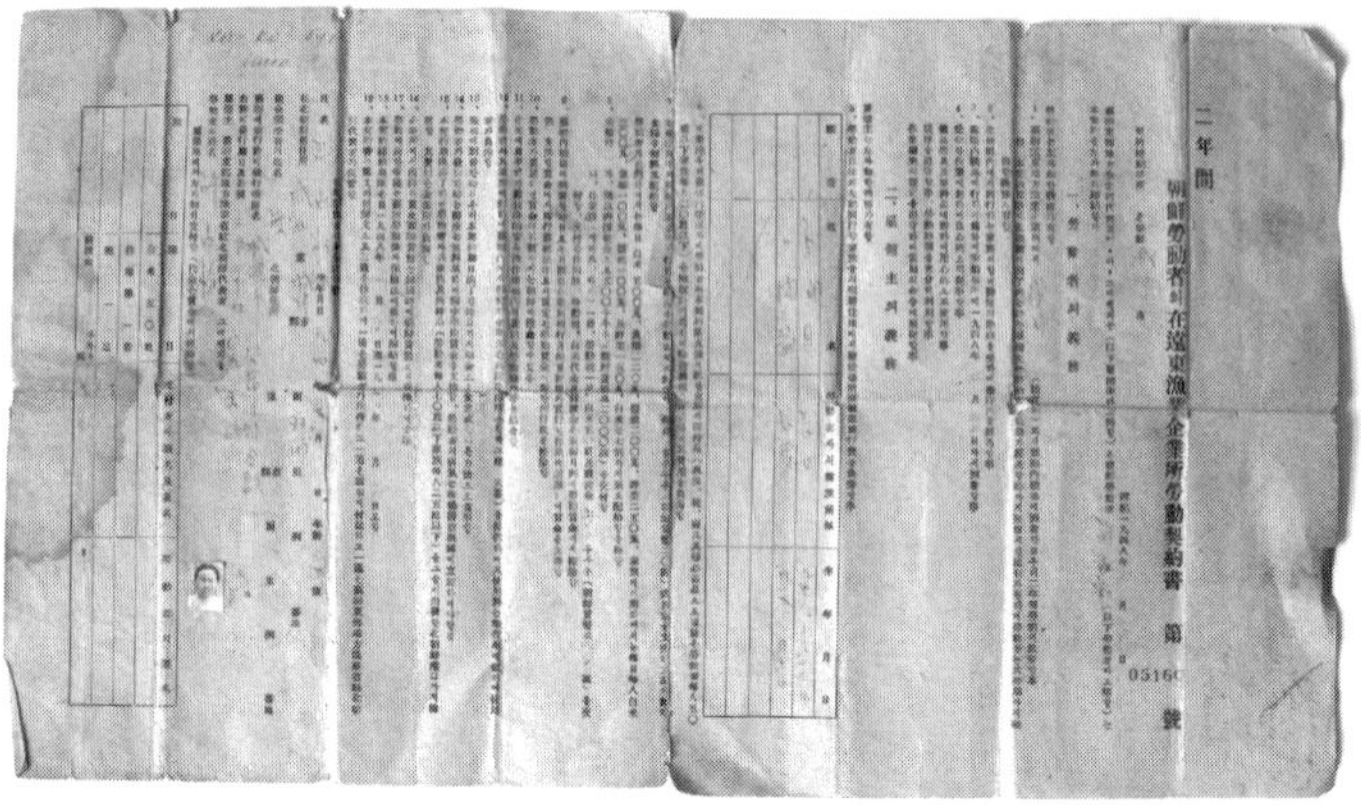

北朝鮮派遣労働者の労働契約書（トマリ図書館所蔵）

一九四七年にヨシは崔と結婚した。この年は、前年末に結ばれたソ連地区米ソ引揚協定による前期集団引揚（二二〇ページ参照）が本格化する時期であった。石井家も引き揚げる準備を急いだ。ところが農家は種物（農作物の種）を納めなければ引き揚げできないと告げられた。悪いことに石井家は種物まで糊口をしのぐため食糧にしていたのであった。

かわりに当局は跡取りを置いて引き揚げるよう命じた。兄は戦前に出征し、姉もすでに嫁いでいたので、ヨシがきょうだいでは年長者であった。父は目星をつけた崔を名義人にして跡取りにし、ヨシを嫁がせて家族は日本に引き揚げて行った。ヨシは自分が犠牲になって家族が引き揚げられたことを幸いに思っている。

「崔ヨシ」として生きる

ヨシは夫の姓に従って崔ヨシとなり、女の子ばかり五人を産んだ。日本人がほとんど引き揚げて朝鮮人コミュニティが優勢になると、朝鮮語を学ぶしかなかった。夫から朝鮮語を習い、読み書きもできるようになった。普段は朝鮮語で会話し、知らない言葉が出たときだけ日本語で夫に尋ねた。

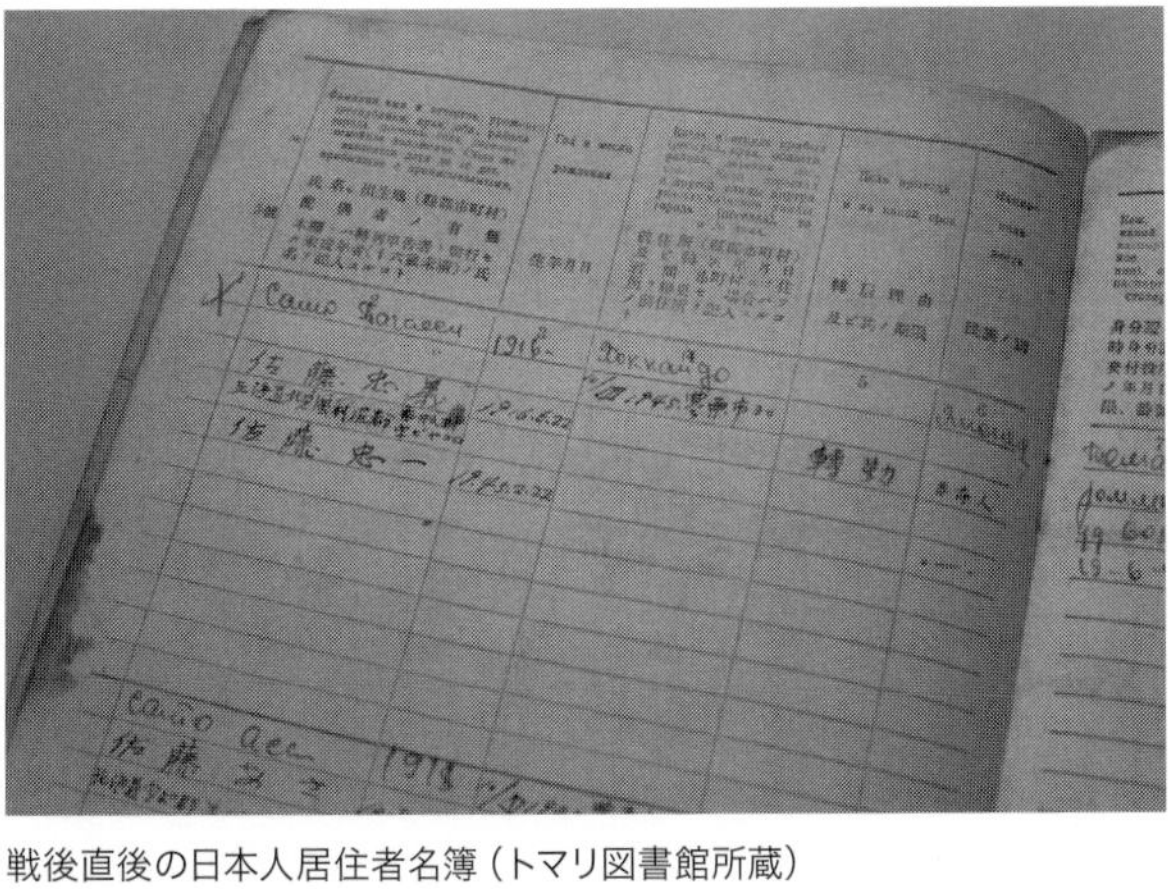

戦後直後の日本人居住者名簿（トマリ図書館所蔵）

トマリには朝鮮学校があったが、子どもたちはみんなロシア学校に通わせた。一九五八年になるとソ連当局は朝鮮人にソ連国籍の取得を促すようになった。ナホトカの北朝鮮の領事館が、サハリン残留朝鮮人を自国の公民にすべく行った宣伝活動への対抗措置ともされる。当時はまだ多くの人が帰還の妨げになるとみて、ソ連国籍の取得には慎重であったが、ヨシ夫婦にためらいはなかった。

このとき夫とは、互いに故郷に帰ることを考えないで、一緒にこの地でいつまでも暮らそうと誓い合った。一九五七年から五九年までの後期集団引揚（二三一ページ参照）で、大勢の日本人女性が朝鮮人の夫と子どもを連れて日本に引き揚げても、ヨシは見向きもしなかった。

もはや不要となった日本語は忘れ去られていった。しかもヨシはロシア語を身につけることなく、朝鮮語を駆使して生きてきた。

家庭でも朝鮮語がメインだったので、子どもたちは母が日本人であるとは想像すらしていなかった。長女がたまたま母のパスポートの民族欄を見て、「日本人」であることを知ったときは、ヨシは「本当にすまない」という気持ちでいっぱいだった。朝鮮人のコミュニティに包摂された残留日本人の多くは、朝鮮式の名前や朝鮮語を使って日本人であることをできるだけ表に出さないようにしていた。

一九六二年にヨシは北海道の家族宛てに手紙を出した。幼い頃に、自分の故郷は北海道であることを母に言い聞かされて覚えていた住所があったのだ。すぐに返事が来て、それから文通が始まった。ヨシはなにも心配することはないと言って家族を安心させた。

とはいっても、安定した生活が続いたわけではない。夫は息子がほしかったのか、「子どもを連れて日本に帰りなさい」と言い出した。「子どもたちをわたしのお腹に詰め込んで昔の身体に戻してくれたら帰る」。ヨシはそう言い返したが、夫は浮気に走るようになり、そのまま別れることになった。一九六三年のことだ。

自立と再婚

ヨシは五人の子どもをひとりで抱えることになった。途方に暮れたヨシは、自ら働き出すしかなかった。当時はまだ旧市街地が中心で、住宅地が新市街地に広がろうとする時期

トマリの自宅で台所仕事をする石井ヨシ

であった。建築ラッシュのなか、左官の仕事は女性がチームを組んで担っていたこともあり、ヨシもその仕事についた。五〇歳を過ぎるまで一八年間働いたので、いまは年金をもらっている。

ヨシは朝鮮人チームの一員として働いた。ロシア人はロシア人でチームを組んでいた。同僚たちはヨシが日本人であることがわかっていても、そんなことはだれひとり気にしなかった。ヨシの陽気な性格もあったが、みんなよく面倒をみてくれた。ただ、日本人だからと勝手に「子」をつけて、「ヨシコ」と呼ぶのは勘弁してもらいたかったが、結局いまでも朝鮮人コミュニティでは「ヨシコ」で通っている。

ヨシはその間、同じ建設作業員の男性と再婚する。戦前に徴用で動員され、敷香《しすか》（ポロナイスク）の飛行場の建設現場で働いた朝鮮人だ。当時、敷香の飛行場や道路工事現場には朝鮮半島から徴用された労働者が大勢いた。

二人目の夫も再婚で、日本人の前妻とのあいだに五人の子どもがいた。結婚を勧める周囲に対して、ヨシはどうやって一〇人の子どもを育てられるのかと言って肩を落とした。一緒になったらそのうち相手の子どもたちは実母のところに帰るので心配ないと背中を押された。

夫はとてもやさしい人だった。後年、日本に一時帰国したとき、弟がサハリン残留日本人を描いた岸本葉子の著書『さよならニナーダ』（凱風社、一九九一年）を買ってくれたことがある。それを読むと、日本人の妻が朝鮮人の夫に暴力をふるわれた話が出てくる。ヨシは、自分には一度もそういうことがなかったので気の毒だと思った。

石井ヨシと四女のトーマ

子どもが一〇人もいるとすぐに喧嘩となって大変な毎日であった。だがそれも、周囲のアドバイスのとおり、夫の連れ子はひとり、またひとりとホルムスクの前妻のところに戻り、二、三年経つとだれもいなくなっていた。その後、前妻は日本に帰国し、子や孫たちを呼び寄せた。

それでも子どもたちの教育は思うようにいかなかった。ヨシは自分が小学校しか出ていなかったので、子どもたちだけはなんとしても大学に進学してほしかった。しかし大学を出たのは三女ひとりだけだ。医学を勉強していまはポロナイスクで暮らしている。長女がユジノサハリンスク（豊原）で、残りはトマリにいる。夫を亡くした四女が近くにいて面倒をみてくれる。

娘たちは全員が朝鮮人と結婚した。韓国で勉強をして、いまはカザフスタンの韓国大使館で働く自慢の孫がいる。現地の女性と結婚したが、たびたび里帰りする。海があるから、夏休みにはユジノサハリンスクの孫たちもよく遊びに来る。それがもっぱらの楽しみだ。

夫が亡くなったとき、前妻がいたホルムスクに連絡すると、二男がやって来た。お墓はトマリにあるが、だれが法事を営むのかという問題が残った。朝鮮式だと息子が引き継ぐのが筋だ。ヨシは遺影を渡して念を押すと、義理の息子もうなずいた。

後日、袋に入れた遺影が家の塀にかけられていた。母ときょうだいが日本に帰国した状況で、法事を営むことが困難なことは理解できる。夫の法事はヨシの娘トーマが毎年行っている。

日本への一時帰国

ヨシが初めて日本に一時帰国したのは一九八四年のことだった。姉の招待で日本に行くことになったが、そのときは「いやだなぁっていう気持ち」だった。家族とは四七年に別れて以来の再会であった。

一時帰国には夫が同行した。当時はようやく日本への帰国の道が開いたものの、まだ交通は不便であった。家族のいる北海道に向かうには、ユジノサハリンスクからハバロフスクに飛び、そこから新潟と東京を経由しなければならなかった。埼玉に暮らす兄が新潟まで迎えに来てくれた。苫小牧《とまこまい》にいる長姉と札幌の次姉は九四歳と九三歳、そして埼玉の兄が八九歳でいまも健在だ（二〇一四年当時）。

このときは三カ月間滞在し、家族や親戚にも会っていろんなところに連れて行ってもらった。新聞で一時帰国者のなかに石井ヨシの名前をみつけた泊居小学校の同級生も駆けつけ、当時の先生も交えて同窓会を開いてくれた。

その次に帰国したのが一九八七年。これまで数年に一度は日本に行っているが、そのたびに娘たちを交代で同伴した。娘たちには幼い頃に、自分が日本人であることを知って恨まれたが、いまは朝鮮語だけでなく日本語も使っていたら、日本にきても恥をかかなくてよかったのにと恨まれる。「もう遅いですもんね」と、ヨシは目を細めた。

韓国への永住帰国もできなくはなかった。二〇〇〇年以降、韓国がサハリン残留同胞の受け入れを本格化すると、ヨシは夫とともに韓国に行くこともできた。夫がその話を持ち出すと、「私は行かないから、あんただけでも行きなさい」と言い返した。夫には韓国にきょうだいがいたので気持ちはわかっていたが、「私をおいてどこに行くつもりなのか」というのが本音であった。

ヨシは韓国だけでなく日本にも永住帰国するつもりはない。配給制度が実施された戦前や敗戦直後の時期は食べることも大変だったので、ヨシにとっていまの時代が一番幸せだ。どこにいるかは問題ではないのだ。最近は膝に力が入らず歩きづらくなったが、これまで病気になることもなく生きてこられた。「ロシアがいちばんいいです」。天性の楽天家だ。

トマリの日本人

「道端に転がっている石ころをかじってでもこの子どもたちは手放さない」。ヨシは最初の夫と別れて五人の子どもをひとりで背負ったときも、絶対にみんなで生きてやろうと歯を食いしばった。引き揚げのときに子どもを他人に預けて日本に帰ってしまった人がいることを、いまも理解できない。

朝鮮人家族の養子となった日本人の子どもが養父母に叩かれたりして、泣きながら家から飛び出す姿を何度も目にした。だからヨシは子どもを手放すなんて考えられなかった。年頃になった五人の娘に白いドレスを着せて、ベールをかぶせて嫁に出したことが人生の誇りなのだ。

朝鮮人の養子となって成人し、近所の人から日本人の子どもだよと言われて親を捜そうとしても、なにひとつ手がかりがない。養父母が年をとって病気になり、死ぬ間際に実の親の名前だけ告げられた人も少なくない。日本人の子であることがわかっても、親の名前すら知らず、日本の地を踏むこともないまま世を去った人もいる。

近所の寺山マイコ（ナ・ギョンエ）も、亡くなる直前の朝鮮人の養父から日本名を教えられた。その後日本に行って親を捜したものの、みつけることができなかった。寺山は朝鮮人の夫とともに二〇一二年に韓国に永住帰国した。

ヨシは、寺山が日本人であることが判明してから、彼女と付き合い始めた。それからたびたび一緒に日本に一時帰国したりした。朝鮮人の養父は裕福であったが、日本で家族がみつからなかった寺山は気の毒だった。同じく朝鮮人家庭の養子となった新保《しんぽ》マサコ（チョン・ヨンジャ）は日本の家族をみつけることができた。新保も寺山を追うようにして、朝鮮人の夫とともに韓国に永住帰国した。

昔はトマリにも日本人が結構いた。行事があるときは、サハリン日本人協会の白畑正義《しらはたまさよし》会長の実家をたまり場にしてよく集まったものだ。しかし、いまはほとんど亡くなってしまった。

サハリンに親戚がいないという、似たような境遇の寺山マイコとは、しょっちゅう互いの家を

寺山夫婦（右列）と新保夫婦。金浦で

行き来する間柄だった。その寺山が韓国に行ってしまって寂しいのは確かだ。しかし、ずっと韓国行きを渋っていた寺山が、いまは「もっと早く来ていればよかった」と言っているのを聞いてほっとしている。

※石井ヨシさんは二〇一六年二月九日に逝去されました。ご冥福をお祈りいたします。

実の父と母を抱きしめたい

——遠藤キセン

コルサコフの日本人慰霊碑

日本の敗戦間際、サハリンから北海道への緊急疎開のために大勢の人が大泊（コルサコフ）に殺到した。いまはコルサコフから稚内までわずか五時間半で連絡船が結ぶ。

アニワ湾を望む丘の上に、日本に引き揚げられないまま亡くなった日本人の慰霊碑（平和鎮魂之碑）が立っている。漢字がわからない地元住民にとってはたんなるコンクリートの台に過ぎない。ハイキングに出かけた家族が、用意した食べ物を広げるにはちょうどよい場所だ。そのせいでいつもゴミが散らかっ

コルサコフの日本人慰霊碑

ている。

そのゴミを掃除するのが遠藤キゼンだ。慰霊碑が荒らされていることに胸が痛むのだ。とはいえ、キゼンが慰霊碑に通うようになったのはここ数年のこと。キゼンは長らく自分が朝鮮人だと思って生きてきたのである。

養子として引き取られる

遠藤キゼンは一九五二年にマカロフ（知取）で生まれた。戦後生まれのキゼンは、どのようにしてサハリン在留〈日本人〉となったのだろうか。

キゼンはパク・キジョンという名前で朝鮮人として育った。とはいってもそれが正式の名前だ。実父の姓である遠藤は日本人コミュニティでのみ使用している。自らの出自がわかり、日本に一時帰国するようになってから遠藤キゼンを名乗ることになったのだ。なお、キゼンとはキジョンという朝鮮名のロシア語綴りを日本語読みにしたときの発音だ。

キゼンは生後三日で朝鮮人の家庭に引き取られた。両親は戦後

戦前の知取（写真提供／札幌市中央図書館デジタルライブラリー）

サハリンに残留を強いられた日本人であったが、母がキゼンを身ごもったことを知らないまま、父はどこかの収容所に送られてしまった。ひとりで子どもを育てるすべのない母は、子どもを残して病院を去っていった。子を授かることのできなかった朝鮮人夫婦がその子を引き取った。

一九五七年に日ソ共同宣言による後期集団引揚（二三二ページ参照）が始まると、母はキゼンを捜しに来たという。しかしだれもキゼンの居場所を教えてくれなかった。母はそのまま日本に引き揚げるしかなかった。

キゼンは養父の姓であるパクを引き継ぎ、パク・キジョンとして生きてきた。ところが養母が重い病気になると養父は家族を捨てて家を出ていった。キゼンは三歳か四歳で記憶もおぼろげな年であった。まもなく養母は病死し、キゼンは養母方の祖母の手で育てられることになる。それがキゼンの試練の始まりだった。

祖母からすれば、娘が引き取った日本人の子は他人同様である。キゼンは家族というよりも働き手として扱われた。

揚げて、自分たち朝鮮人は自由に故国に帰ることができない――その怨念のはけ口にされたのかもしれない。それは同居する伯父と叔父、つまり養母の二人の兄弟も変わりはなかった。

その頃、キゼンは家族に虐げられることを、親のいない自分への仕打ちだと思った。いとこたちはみんな祖母や親に可愛がられていたのだ。やがて自分が母のほんとうの子ではないとうすうす気づき始めた。

キゼンは、なんとか朝鮮学校には行かせてもらったが、朝から晩まで働き詰めだった。早朝に便所の糞を汲み、天秤棒を担いで一キロも離れたジャガイモ畑まで運び、それから学校に行った。放課後も畑を耕す毎日。週末は荷車にジャガイモをいっぱい積んで、市場にある養祖母の売り場に時間どおりに届けないと叱られた。伯父は酒に酔うとわけもなく暴力をふるった。

いじめに耐え切れなかったキゼンは、駅に行って汽車に隠れたり、森のなかで過ごしたり、友人宅の屋根裏で寝泊まりしたりすることもあった。そんなときは、友達がもってきてくれたパンと水で空腹を満たした。叔父にも殴られることはあったが、それでも唯一自分を人間として扱ってくれた人であった。まるで「家なき子」の物語の世界だが、キゼンの妻はかつてロシアの人たちが釘づけになったブラジルのドラマ「エスクラバ・イザウラ（女奴隷イザウラ）」にたとえた。

キゼンは七年生まで朝鮮学校で学び、製紙工場で働きながら夜間学校を卒業した。キゼンに学生時代の思い出はほとんどなく、友達もまともにつくれなかった。不遇な青年時代であった。

結婚と実家からの解放

一九七五年一〇月に遠藤キゼンは、朝鮮人女性のリ・ジョンスクと結婚した。ジョンスクの父と母は、それぞれ一九一二年と二一年生まれで、戦前に朝鮮半島の大邱《テグ》から樺太に来た。父が強制動員されると、母が父を追いかけて来たのだ。ジョンスクはこの家族の長女として生まれた。キゼンと同い年だ。父は一九七〇年代に亡くなり、母は九一年に一時帰国して家族と再会したものの、永住帰国を果たすことなく九九年に他界した。

二人の交際中、キゼンは自分の苦労についてなにひとつ語らなかった。結婚してしばらく夫の「実家」で暮らすようになったジョンスクは、虐げられる夫を目の当たりにして仰天した。夫は仕事から戻っても働かされた。ジョンスクも食事や掃除から家族全員の洗濯まですべての家事をこなした。夫のためにもジョンスクは人一倍頑張った。

しかし、家族からの虐待はジョンスクにも及んだ。ある日、夕食の料理が気に入らないといって、伯父がそれを自分にぶっかけた。耐え切れなくなったジョンスクは、「私はここには住めない。残りたいなら残りなさい」と夫に告げて実家のあるコルサコフに移った。それから一カ月ほどして、キゼンはカバンひとつに荷物をまとめて妻のところに来た。着の身着のままで、冬だというのに靴も夏物であった。

こうしてなにもないところから苦労を重ねて、いまの生活を築いた、とジョンスクは振り返る。二人の子どもをもうけ、孫も生まれた。たまに一家の行事があってキゼンの実家を訪ねると、自分たちは飲んで食って遊んでばかりで、雑用は全部押しつけられた。ひどい扱いに変わりがなかったので、二人は葬式以外、実家には足を踏み入れないことを決めた。実際、遠藤夫婦が実家を訪れたのは伯父と叔父、そして養祖母の葬式だけであった。

養祖母は九三歳まで長生きした。考えてみれば養祖母も哀れな人だった。娘と二人の息子に先立たれ、もうひとりの息子は北朝鮮に行って音信不通になってしまったのだ。

やっとつかんだ父の消息

生活に余裕ができてもキゼンは苦悶を抱えたままであった。なぜあのような辛酸をなめなければならなかったのか。心のわだかまりを取りのぞくためにも、キゼンは実の親を捜さなければならなかった。しかし親を捜す手がかりはなにひとつない。

じつは、キゼンの実の親も子どもを捜していた。遠藤夫婦は、そのことを風のたよりに聞いていた。ある日、コルサコフの自宅にひとりの男が訪ねてきた。一九八三年のことだった。キゼンは仕事で出かけていたが、ジョンスクが幼稚園から子どもを連れて自宅に戻ると、家の前に立派な紳士が立っていたのだ。

一瞬夫の父親ではないかと思ったが、彼は

キゼン、ジョンスク夫婦。コルサコフで

父の学校の同級生で、息子を捜すように頼まれてユジノサハリンスクから訪ねてきたのだという。事情を聞いたジョンスクは、キゼンがいるときに来て本人に直接話すように頼んだ。

その日の夜、落ち着きのないジョンスクに、キゼンはなにか言いたいことがあるのかと尋ねた。ジョンスクは戸惑いながら、「お父さんがあなたを捜している」と日中の出来事について打ち明けた。キゼンは箸を投げ出して、「そうだと思った。お母さんは生きている、お父さんがいるとわかっていたよ」と言って声を詰まらせた。キゼンの目から涙がふき出した。

父の同級生は翌日早々にふたたび訪ねて来て、両親の名前や生年月日など、知っていることをすべて話した。彼の話によると、父はハバロフスクにいるということだった。

収容所から戻った父は、息子がいることも知らないまま、ユジノサハリンスクで暮らしていた。そして一九七三年に旅行業の通訳の仕事に就くためにハバロフスクに移った。そこで再婚したが、日本に引き揚げた前妻（キゼンの母）とは連絡を取り合っていて、自分たちの子がサハリンにいるので捜してほしいと伝えられた。

キゼンの父は、ユジノサハリンスクにいる同級生に息子の消息を調べてほしいと頼んだ。彼はキゼンが生まれたマカロフまで行って、キゼンの養祖母にも会った。しかしキゼンの両親が息子を棄てたと思い込んでいる養祖母は、居場所を教えてほしいという彼の要請を頑なに拒んだ。役所に行きコルサコフにいることを突きとめて、ようやく捜しあてることができたのであった。

「なぜもっと早く来てくれなかったのか」。キゼンは悔しい気持ちを抑えきれなかった。父の同級生は、キゼンが連絡すれば父が会いに来るだろうと語った。遠藤夫婦はさっそく、まだ幼い二人の息子と家族写真を撮り、彼に託した。しかしどんなに待っても返事がこない。キゼンは毎日のように父から手紙が届いていないか妻に聞いた。

ジョンスクは夫に内緒で、なんとかキゼンの実父の住所を突きとめて手紙やはがきを出したが、返事はなかった。キゼンの父はハバロフスクで再婚しており、その妻が手紙を読んで再会を許さなかったのではないかと二人は思っている。父は息子との対面を果たすことなく、一九九〇年に世を去った。

母を訪ねて日本へ

じつは、ジョンスクは葬式以外にも一度だ

マカロフの町。中央奥に見えるのが旧製紙工場

け、ひとりでマカロフの夫の実家を訪ねたことがある。実父からの返事が届かないことに納得できなかったジョンスクは、マカロフに行って養祖母から家庭の事情を聞き出すつもりだった。養祖母は「絶対なにも話さない」と言うので、伯母のところを訪ねて座り込み、「すべて話してくれないなら一歩も動きません」とつめ寄った。

ジョンスクの熱意に折れた伯母は、養祖母には絶対内緒にするとの約束で、日本人の子を養子として引き取ることになった経緯を話してくれた。キゼンの実父は逃げ出してしまったこと（実際は収容所に送られた）、キゼンの実母は退院しても身を寄せる場所がなかったこと、生まれて三日目にキゼンを養子に出したこと、そして実母は自分が自立したら息子を引き取りに来ると約束していたことを知らされた。

キゼンを産んだばかりの母親の前にひとりの男があらわれた。その男は飢えと寒さで赤ん坊と一緒に死にたいのか、それとも自分についてきて屋根と避難場所を手に入れるのかと迫った。母親に選択肢はなかった。キゼンを残して母親は男についていくしかなかった。その後、一九五七年に後期集団引揚が開始されたとき、実母がキゼンを捜しに来ていたこともわかった。そのとき息子の情報を得られなかった母親は、日本に帰ってもかならず息子をみつけ出すと言っていたそうだ。

こうして家族のことが一つひとつ明らかになっていく。キゼンは、母親がいまも自分のことを捜していると信じてやまなかった。父との連絡がとれない状況で、キゼンは自ら日本に出向き、母を捜さなければならなかった。

夫に同情するジョンスクはコルサコフの日本人会を訪ねて支援を求めた。つてをたどって、ユジノサハリンスクのサハリン日本人会の川端芳子会長に会うことができた。こうして事態が動き出した。一九九四年に日本から招待状が届いたのだ。

民間の日本サハリン同胞交流協会（現日本サハリン協会）が一時帰国を支援する活動に取り組んでいた。この時期は、家族や親族の身元保証がなくても、日本サハリン同胞交流協会が身元引受人になって一時帰国することができた。しかし、自分を呼び寄せたのは母親にちがいないと確信していたキゼンは、日本に行って母親に会える期待に胸が膨らんだ。

一九九四年、キゼンは一時帰国訪問団に参加して初めて日本を訪れた。訪問者たちは親戚に囲まれて、あちらこちらでざわめいていた。しかしそこに母親の姿はなかった。家族の再会場面を寂しそうに眺めるキゼンは、だれかが自分をみつめているような気がしてならなかった。訪問中はずっとそうした視線を感じていた。

一時帰国の三日目のことだった。だれかが近寄ってきて、こう話した。「ここにあなたの親戚がいます」。キゼンはどうして自分のことを知っているのか不思議に思いながら、言われたとおりに三階の部屋に急いだ。

そこにはひとりの女性が立っていた。キゼンは駆けつけて彼女を抱きしめた。彼女は、「私はあなたの母ではなく、彼女のお友達です」と言って、キゼンを押しのけた。

なぜ母ではないのか。キゼンは理解に苦しんだ。結局母があらわれることはなかった。その後何度も東京に行ったが、キゼンはいつもひとりぼっちであった。しかし日本に行くたびに感じる視線があった。どこからか母が自分を見ている。キゼンはいまでもそう思っている。

日本から戻るとキゼンは、一カ月は母を偲んで泣いてばかりいる。だからジョンスクは、できるだけ夫の一時帰国には付き添うようにしている。

妻の献身に支えられて

日本に一時帰国して以来、キゼンは自分が日本人であることを強く意識し始めた。当時、日本サハリン同胞交流協会の小川峡一会長から両親がともに日本人であることだけは教えてもらった。最初の一時帰国から二〇年がたった二〇一四年もキゼンは一時帰国で日本にいた。日本サハリン協会は母親について詳しくは話そうとしない。しかし母親捜しはまだあきらめていない。なぜ協会ははっきり言ってくれないのか、キゼンはもどかしさを感じた。ようやくそれが協会の方針であることがわかってきた。母親が自分の居場所を息子に伝えることを望まない限り、協会はなにも知らせてはならないことを——。

キゼンはただ母に会って抱きしめたいだけなのだ。母が自分を招いてくれたにもかかわらず姿を見せないのは、相続問題を気にするいまの家族が許してくれないからだろう。それしか理由は考えられなかった。

このときの一時帰国の歓迎会の席上で、ジョンスクは日本サハリン協会の役員と隣り合わせた。その役員もサハリン帰国者で、キゼンが生まれたマカロフで一九五〇年代後半からおよそ一〇年間暮らした。マカロフは残留日本人が少なくなかったので、母のことを知っている人がいるはずであった。

ジョンスクはその役員にそっと「夫のお母さんは生きている?」と尋ねた。すると「生きていますよ」と答えた。「どうやって母をみつけたらいいのでしょう」とジョンスクは踏み込んだ。「知りません」。先方の意を酌んだ返事なのだろう。キゼンは一時帰国のたびに母に会えると期待しているが、返事はいつも同じであった。そしてこう思うのである。一時帰国者で実母の居場所を知らないのは自

二男と遠藤夫婦

分だけなのだと。

だが、こうして家族と再会できないのは、キゼンだけではない。日本の家族の財産などまったく必要としない、ただ父や母を抱擁したいだけなのに、多くの一時帰国者や永住帰国者にはそれが叶わない現実がある。「戦争がね、戦争のせいだ」。キゼンは何度もそうつぶやく。

一九二六年生まれの母は生きていても九〇歳に近い。母が亡くなる前に一目会いたいというやるせない気持ちから、日本に来ると心が乱れる。ジョンスクは、母に思いをはせる夫の切なさを自分のことのように感じている。実際、夫の両親の痕跡を追いかけて走りまわったのは、ほかならぬジョンスクだった。

サハリンに戻ると、夫はまたひとりすすり泣くだろう。「俺はずっとひとりだった。ひとりぼっちで死ぬんだ」と言いながら。するとジョンスクも一緒に泣くのだ。そして「私も、子どもも孫もいる。あなたはひとりぼっちじゃない」と、ジョンスクはキゼンをなぐさめる。

私の「故郷」はサハリン――キム・ヨンジャ／金川《かねかわ》よし子

「桜の部屋」に導かれて

下の写真の主人公は金川よし子。大きな桜の写真を背にちょこなんと座っているたたずまいは、ピントが合わない浅い奥行きがなければ、うららかな日和に爛漫と咲き誇る桜の花々のあいだを舞う可憐な蝶にも見えただろう。

よし子にとって桜は、儚《はかな》いから美しいのではない。むしろ永遠に咲き乱れているから美しい。よし子は桜を見たことはないが、それには特別な思いがある。幼い頃、厳冬期に家から追い出されて病気となり、それが原因で全盲となったよし子にとって、桜は迎えることのできなかった春のようなもの。桜はずっと咲いていなければならないのだ。

そんな母・よし子のために娘のマリーナは壁一面を桜の花で覆った。よし子は点字を指でつたいながら、この部屋でときどき本を

「桜の部屋」で点字本を読むよし子

読む。

後藤悠樹が「桜の部屋」でよし子の写真を撮ったのは二〇一三年のことだった。それ以前からよし子は、自分の姿を撮られることを頑なに拒んでいた。見ることのできない自分の姿を撮られたくなかったのだ。それでも後藤はよし子をなんとか説得し、八枚だけ撮影することができた。最初はサングラスのままだったが、後藤に促されると、よし子はそっとサングラスを外した。後藤が日本へ帰国する前日のことだった。この一枚は「春が来るまえに〜樺太・サハリン二〇一三冬」という後藤の写真展（二〇一四年一月）のポスターになり、写真展の意義を伝えるイメージにもなった。

半年後、われわれはこの写真に導かれるようにして、「桜の部屋」の来客となった。

よし子の宝物

「桜の部屋」には日本人・韓国人・ロシア人が訪れた。よし子は来訪者を自慢の焼きおにぎりでもてなしてくれた。ひとりだとパンか白いご飯があれば足りるが、客にはかならず料理を振る舞う。ご飯を丸く握って、卵に浸し、オーブンで焼いたサハリン風の焼きおにぎりだ。ほんのりとこげた色のお団子のようなかたちが食欲をそそる。われわれはその焼きおにぎりを頬張りながら、彼女の幼年期や青春時代の思い出話に聞き入った。

「桜の部屋」の共通語は日本語であったが、それはよし子にとってどうでもよかった。よし子の会話は相手に合わせてロシア語から朝鮮語へ、朝鮮語から日本語へと自在に移り変わっていく。どの言葉も不自由なく、なまりもない。

よし子は四〇年間日本語を使わなかったらしい。朝鮮人との交流もないので朝鮮語もあまり使わない。難しい言葉は忘れてしまったという。友達もロシア人がほとんどだ。でもそんなことはまったく感じさせない日本語と朝鮮語だ。

よし子は語学が堪能で、日本語は姉たちよりできる自信がある。自分がおしゃべりなのがその理由のひとつだと思っている。朝鮮語の発音だって、コルサコフで朝鮮語の教師を務める姉よりも上手なはずだ。若い頃、北朝鮮で過ごした経験はだてではない。

よし子は三つの言葉を操るだけではなく、点字も読める。三つの言語の点字本は彼女の宝物だ。手元にあるロシア語の点字本は、自分のものもあれば、図書館から借りたものもある。日本語の点字本は、二〇〇二年に函館で開催された障害者国際交流フェスティバルにサハリンから参加した水泳選手をとおして入手した。そのときに通訳を担当したのが、日本ユーラシア協会函館支部のボランティアをする淡中詔子であった。詔子はその活動の一環としてサハリンを訪問し、よし子にも点字本を渡したりした。そのほかにも、函館で整体師をする日本人夫婦（夫が視覚障害者）や、サハリンを訪ねたジャーナリストが手配してくれた。

しかし韓国の点字本はない。いまのよし子の大きな望みは、韓国の点字本を手に入れることだ。

北朝鮮の点字と韓国の点字を比較してみたいのだ。二年前にユジノサハリンスクの韓国領事館に行って頼んだことがあるが、返事をもらえなかった。でも、いつかかならず韓国の点字本を読みたいと思っている（後日、著者が韓国の点字本を送った）。

　サハリンの図書館は点字の本が充実している。小説も豊富だ。日本の小説をロシア語で解説したものまでそろっている。ロシアの図書館の職員はみんな親切なのに、それに比べると韓国の人たちはなんてケチなんだろう。お金なら払うと言っているのに。よし子は韓国領事館が相手にしてくれなかったことを、いまでも忘れることができない。

　よし子の宝物には、趣味の折り紙コレクションもある。日本からさまざまな人にプレゼントしてもらい、「折り紙天才少年」と言

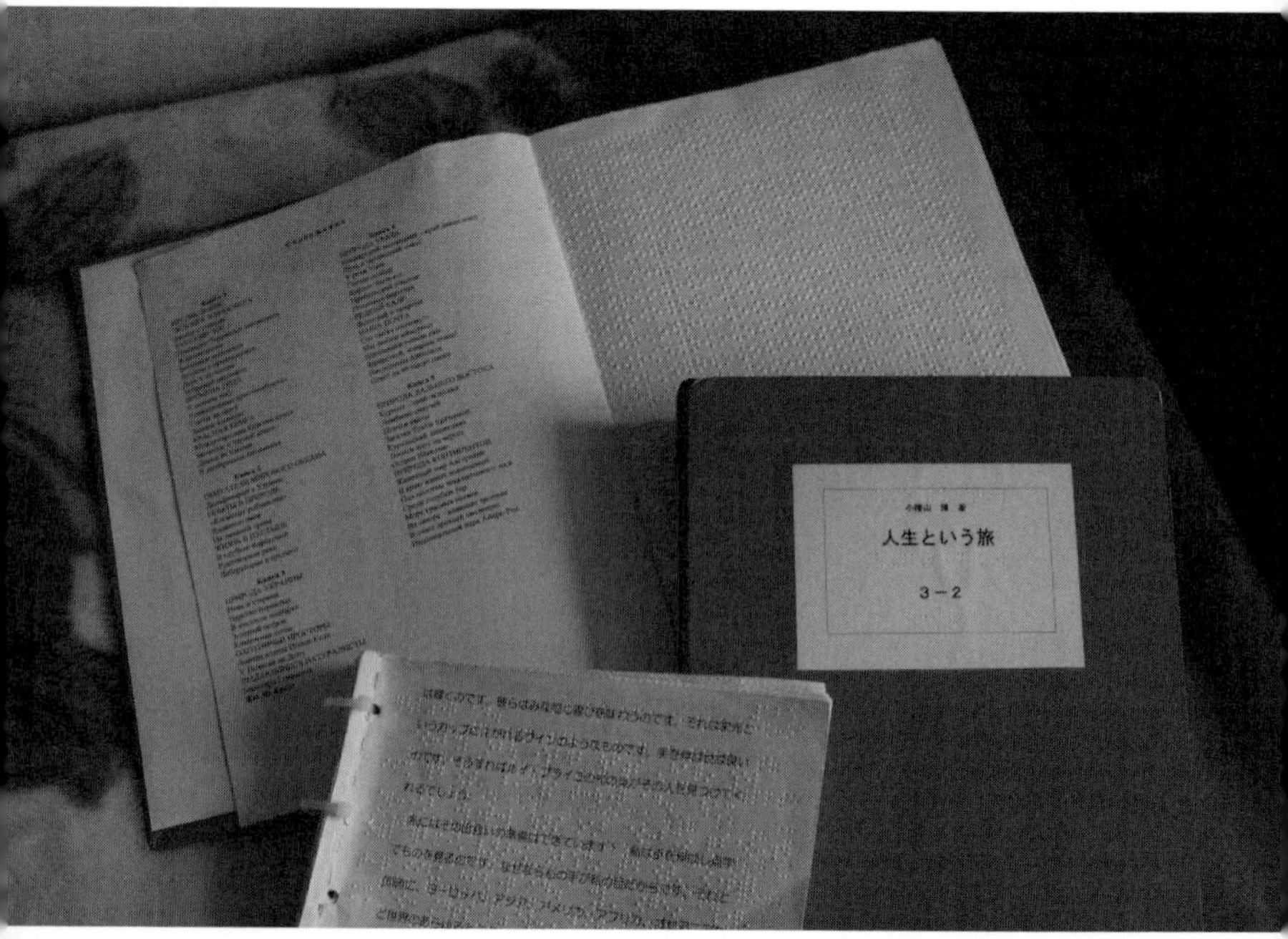

よし子が所蔵するロシア語と日本語の点字本

われる小学生からも送られてきた。

よし子／ヨンジャ／レーナ

よし子はヨンジャという朝鮮式の「本名」よりも、日本式のよし子やロシア式のレーナの方が好きだ。まわりからは「ババ《おばあさん》・レーナ」と呼ばれるが、よし子でもみんな自分のことだとわかってくれる。ヨンジャだとだれのことかわかってもらえない。

よし子は一九四四年、サハリンで朝鮮人の家庭に生まれた。日本統治時代だったので、多くの朝鮮人は「創氏改名」制度によって日本式の名前を使用していた。戦後、各地にできた朝鮮学校では民族名を使用し、ロシア学校に行った子どもたちはロシア式の名前を名乗った。アサ子という名前だった姉は、朝鮮学校に行ってからチョンジャという朝鮮名になった。しかし学校に行くことができなかったよし子に、朝鮮やロシアが名前をつけられることはなかった。

そんなよし子にも朝鮮式の名前が必要になるときがあった。一七歳で北朝鮮に渡り、五年間過ごしたときだ。金ヨンジャという朝鮮式の名前を使用したのは、それが初めてであった。そしてサハリンに戻って働き始めてからロシア式の名前をつけられた。しかし、生まれながらの名前のよし子が本名だと思っている。

六歳上と三歳上の姉たちは、日本の学校に通った経験があるのに、あまり日本語を話せない。

しかし聞き取ることは問題ないので、姉たちとの会話はロシア語、朝鮮語、日本語が入り混じっている。なぜよし子は姉たちよりも上手に日本語を話せるのだろうか。それは悲しい思い出と重なる。

五歳のときの出来事だった。姉たちがもっている桜の絵柄の風呂敷が自分もほしくて、よし子はかんしゃくを起こした。母が留守だったので、手に負えなくなった祖母はよし子を外に追い出した。帰宅した母に連れられて家に戻ったが、正月の厳冬期だったこともあり、やがてはしかにかかってしまったのだ。高熱を出したよし子は、翌日目が開けられなかった。しばらく入院して熱は下がったものの、目が見えにくい状態になっていた。

姉たちはみんなきれいなのに、自分だけが背も低くて目も小さく、家族のだれにも似ていなかった。祖母に橋の下から拾ってきた子だと虐げられたのも、きっとそのせいだった。そして真冬に外に追い出されたのだ。

視力が低下したよし子は、学校にも行かせてもらえなかった。学校に行くきょうだいをいつも羨ましく思っていた。どうしても勉強がしたかったよし子は、家に遊びに来た姉の友だちのカバンから本をこっそり取り出して、姉に読んでほしいとせがんだ。本を盗んだのがばれて姉と返しに行った。そのお母さんは「大丈夫よ」と言ってくれたが、恥ずかしくて涙があふれ出た。「私はそれほど本を読みたかった。勉強したかった」と、よし子は当時を回想する。

敗戦後、日本人がほとんど引き揚げていなくなると、日本学校は閉校となった。姉たちも朝鮮学校に転校した。近所の子どもたちが学校に行くと、よし子はひとり残された。それに気づいた近所の日本人の先生が、「家に来たら勉強を教えるから」と声をかけてくれた。そこでよし子は初めて日本語を学んだ。先生の家には蓄音器があって、日本語のレコードを聴きあさった。

しかしその日本人の先生も、一九五六年の日ソ共同宣言により実施された後期集団引揚（二三一ページ参照）で日本に帰って行った。そのとき先生はよし子に、蓄音機やたくさんのレコードを譲った。よし子はそのレコードを聴きながら日本語を忘れないようにした。その後はラジオを聴いて日本語を学習した。

よし子が日本語を話せるようになったのは、身内に日本人がいたからでもある。よし子の叔父の妻が日本人で、その叔母と日本語でよく話したのだ。日本語ができなかった祖母には、叔母とは日本語でしゃべらないよう注意された。

一九五七年に日本人女性は朝鮮人の夫と子どもたちを連れて日本に帰ることができるようになり、叔父一家も日本に行くこととなった。祖母も息子の家族と一緒に日本に行った。

日本に行った叔父家族とはしばらく文通していた。叔父の家族は宮城県のどこかに住んでいて、家族写真や、在日朝鮮人と結婚した長女の結婚写真も送られてきた。その後はあまり連絡をとら

日本に引き揚げた叔父一家と祖母（写真提供／金川よし子）

なくなり、やがて手紙のやりとりも途絶えた。

よし子は、叔父の家族を忘れられない。日本にいる家族との再会をいつか実現したいと思っている。それはよし子の母の悲願でもあった。

家族の来歴

第二次世界大戦中に日本は朝鮮人を強制的に労務動員し、多くの朝鮮人が炭鉱労働などに従事させられた。よし子の父も、一九四〇年代に強制動員されたひとりだった。サハリンに渡ったとき、父はすでに結婚して二人の娘がいた。父は慶尚道、母は忠清道の出身だった。

その父を、朝鮮半島から二五歳の母が娘を連れて追ってきた。よし子の母方の祖父母も一九三八年にサハリンに渡っていたので、母には朝鮮にとどまる理由がなかった。その後さらにサハリンで六人の子どもが生まれた。よし子は日本統治時代の塔路(シャフチョルスク)で生まれた。

戦争が終わって、一九四六年からサハリン在住の日本人の引き揚げが始まったが、朝鮮人は帰還することができなかった。サハリンに取り残された朝鮮人からすれば、日本人だけの引き揚げは理解に苦しむ出来事だった。

よし子の父も故郷に帰ることを望んでいた。日本人が引き揚げて、一年が経ち、二年が経っても朝鮮人は帰還できなかった。日本人の引き揚げを目の当たりにしながら父は叫んだ。「なぜ俺たちを連れて行かないのか。祖国に帰りたい、母にも父にも会いたい」。炭鉱夫の父は、けがをして働けなくなると、いつも故郷に帰りたいとばかり言っていた。心身ともに弱っていた父は、ある日近所の橋の下で亡くなっているのが見つかった。一九五四年のことだった。

父の死の直前に、よし子の運命を決める大きな出来事があった。彼女が一〇歳のとき、すぐに手術をすれば全盲にならずに済むというソ連の軍医がいた。その軍医の髪が真っ白だったのをいまでも覚えている。ただ、手術のためにはオデッサという黒海にある町まで行かなければならなかった。近所の人たちがお金を集めてくれた。

しかし父は、目が見えない子をそんな遠いところに行かせることはできないと言って、許してくれなかった。結局よし子は手術を受けられなかった。よし子は、なぜあのとき父が行かせてくれなかったのかと恨んだこともあった。いまでも納得はできないものの、不平は言わない。それが自分の運命だと思っている。

一七歳になったとき、北朝鮮での手術に期待をかけた。しかし手術はうまくいかず、それまで光を認識することができたよし子は全盲となった。

父が亡くなってから、母はコルホーズ（ソ連の集団農場）で働き、二人の子どもに先立たれながらも女手ひとつで六人の子どもを育てた。貧しかったので、姉たちは一四歳で学校をやめて働かなければならなかった。苦境を見かねたコルホーズ長がジャガイモなどをこっそり回してくれて、なんとか生き延びることができた。母はストーブの上にバケツをのせてジャガイモを煮て子どもに食べさせた。「あのイモは美味しかった」と、よし子はいまでもその味を思い出す。

母は父より六〇年も長生きした。二〇〇〇年に韓国に永住帰国し、そこで一〇年間暮らしたあと、一〇〇歳近くまで生きて二〇〇九年に他界した。

北朝鮮で学ぶ

戦後のサハリンには目の不自由な人のための学校や仕事先がなかった。よし子は一七歳まで「家のなかで、ご飯を食べてばかり」だった。勉強や仕事がしたくて、どこでもいいからここから出て行きたいという焦燥感にさいなまれた。そんなよし子に転機が訪れた。

一九五〇年代末に日本人妻とともに朝鮮人の一部が日本に引き揚げることになり、朝鮮人社会に動揺が走る。すると、ナホトカの北朝鮮領事館は、北朝鮮国籍の取得や帰国を慫慂《しょうよう》する懐柔工作を公然と行った。実際、一九五九年から六一年にかけて朝鮮人が多数居住するサハリンの西海岸地方でも、大学進学などを目指して、北朝鮮に渡った人が少なくなかった（朴亨柱『サハリンからのレポート』民涛社、一九九〇年）。

いまの生活から逃れたくてもがいていたよし子は、ナホトカにあった北朝鮮領事館に、朝鮮で学びたいと手紙を出した。それが功を奏した。五年間の契約で、一九六一年から六六年まで視覚障害者を受け入れている工場で働きつつ、夜間の盲学校に通えることになったのだ。

よし子が働いたのはブラシや網袋などを生産する工場で、そこでは目が不自由な人とそうでない人が同じ生産ラインで役割分担をして作業した。仕事と勉強を両立させるのはとても大変だったが、やっと勉強ができるようになった喜びはかけがえのないものであった。夜の授業中に居眠りして棒で頭を叩かれても、心が満たされる毎日であった。学校で朝鮮語の点字を覚え、本が読めるようになると世界が広がって見えた。よし子は北朝鮮で自分の本名である金ヨンジャを使った。

当時、ソ連から来た朝鮮人（高麗人）は優遇されて平壌で生活した。しかし一九五六年からフルシチョフがスターリン批判を展開すると、北朝鮮は独自路線を模索した時期でもあり、彼らへの風当たりは強くなった。サハリンから北朝鮮に渡り大学に進学した学生たちも、「お前たちはフルシチョフと同じだ」と言われて肩身の狭い思いをした。

この時期、よし子には驚きの出会いがあった。ある日、工場で金という若い男性と知り合った。彼の朝鮮語がほかの人と異なっていることにすぐ気がついた。よし子は「なぜあなたの朝鮮語は違うの？　あなたはどこから来たの？」と聞くと、「僕は日本から来たよ」という返事が返ってきた。大喜びしたよし子は、「私は日本語ができるよ」と言って、それから二人はこっそり日本語で話をするようになった。

一九五九年一二月から、在日朝鮮人のいわゆる「帰国事業」が始まり、中断期も含めて八四年まで九万三〇〇〇人あまりが北朝鮮に向かった。よし子が平壌で出会った金も在日朝鮮人の帰国者のひとりだった。金には両親がおらず、日本にいる姉が帰国してくるのではないかといつも気にかけていた。

サハリンと日本から来た二人の「在外同胞」は日本語で話し、よし子は彼から日本語の点字も教わった。日本語を使うのは危険をともなったが、それでも二人はたびたび会って、日本語の点字の勉強も続けた。

ところがそれも長くは続かなかった。布団の下に隠していた日本語の点字ノートが寮の友達にみつかったのだ。「それは禁じられているよ。危ないからやめて。やめないと先生に言うよ」とたしなめられ、よし子は日本語の勉強をやめざるを得なかった。しかし、このとき覚えた日本語の点字を忘れずにいたことで、いまサハリンで日本語の本を読むことができるのだ。

こうした「冒険」もあったが、北朝鮮での生活は充実していた。そんなときアクシデントが起きた。清掃中にバケツをもった人とぶつかって転倒した際、背骨を折る大けがをしたのだ。しばらく治療を受けたが、回復するには「暑い朝鮮より涼しいサハリンに帰った方がいい」と医者に言われて、よし子はサハリンに戻ることを決断した。

ロシアへの思い

よし子が北朝鮮にいるあいだ、サハリンでも視覚障害者が働ける会社ができた。さまざまな商品の包装箱をつくる工場であった。工場で働くには、どのような作業でもできるように、視覚障害者向けの教育機関でロシア語やロシア語の点字、料理法や裁縫などを学んで資格を取らなければならなかった。そのためよし子は、一九六七年にシベリアのアルタイ地方のビイスクで勉強することになった。そのときからレーナを名乗るようになった。四カ月の研修を終えて、無事に資格を取得したよし子はサハリンに戻った。

サハリンの工場で、よし子は三九年間働いた。「私はきちんと働いた。いまは年金をもらって生活をしている。幸せです。他人のパンは食べない」。いまでこそ年金生活だが、障害を抱えながらも自立できたことはよし子の誇りだ。自立できるようにしてくれたロシアにも感謝している。

よし子には職場での楽しい思い出がたくさんある。同僚とは仕事だけではなく、休日も一緒に過ごした。「うちの会社は、目の見えない人も、足の悪い人も、恵まれない人たちもみんなバスに乗せて海とか山に連れて行ってくれたのよ。いまはあんまり歩けないから無理だけど、元気だった頃は山に登るのが好きだったわ」。

よし子は職場の同僚と出かけるたびに、空を見上げては「青ってどんな色だっけ」と記憶を呼び戻し、山に行って白樺の木の下に座っては「あんたは緑色を着ているのかい」と問いかける。ロシアには「ありがとう、ありがとう」と言いたい気持ちでいっぱいだ。

その一方で、よし子は朝鮮人社会の差別には手厳しい。幼い頃から、よし子は朝鮮人の子どもたちに「めくら」とからかわれた。そ

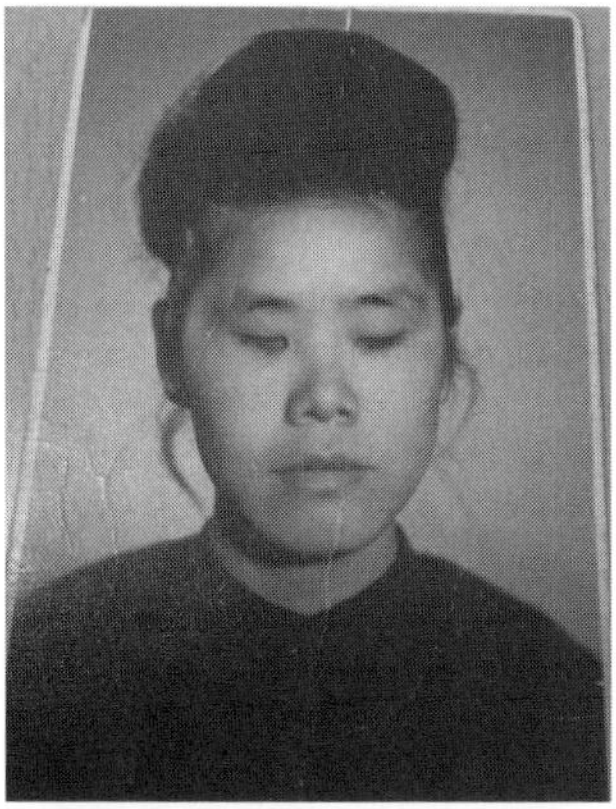

1960年代のよし子
(写真提供/金川よし子)

んなときはいつも隠れて泣いてばかりいた。大人になっても変わりはなかった。街を歩いていて「こっちに来なさい」と手を引いてくれるのは決まってロシアの人。となりに親戚がいても自分を避けて挨拶もしない。目が見えないから「ババァ、わかんないだろう」と思っていたのだろうが、よし子にはお見通しだった。

よし子は、朝鮮人が自分を避けるのを背中で感じるのだ。発音や声などの語り口調から、朝鮮人であることはすぐわかる。障害者を白眼視する朝鮮人を、よし子は朝鮮人のひとりとして恥ずかしいと思っている。

ロシア人は障害者にとても親切だ。サハリンの朝鮮人は、心が真っ白なロシア人をみならって、もっと心を広くしてほしいと願っている。朝鮮人はダメだと言うと、姉たちは韓国の人はみんな親切だと庇うが、よし子は「同じ民族だからそんなに違うはずがない」と聞き入れようとしない。それは自分の民族に対する愛憎のようなものかも知れない。

家族はみんな韓国へ

よし子は一九七〇年に五歳年上の男性と結婚した。夫も視覚障害者だったが、夫婦で力を合わせて二人の子どもを育て上げた。一五年前には二八歳の息子を亡くす不幸もあった。いまは看護師の娘と暮らしている。結婚もしないいまま親の面倒をみさせているのが心苦しい。

夫は数年前にひとりで韓国に永住帰国し、その一年後に他界した。続いて三人の姉のうち二人が韓国に永住帰国した。母と夫、そして姉たちまでもが韓国に永住帰国しても、よし子は韓国に移住する気はなかった。姉たちがしきりに誘ってもよし子は動じなかった。コルサコフの姉は、妹ひとりを置いては行けないと言って永住帰国していない。

姉たちがよし子に電話をかけるといつも話し中だ。姉からなぜ電話がつながらないのかと叱られると、目が見えないからおしゃべりするしかないでしょうと言い返す。

よし子が永住帰国を拒んだのは、帰国者のためにつくられた療養施設（仁川サハリン同胞福祉会館）での生活だけは絶対にしたくないからだ。「ずっと自分の力で生活していたのに、なぜそのような場所で暮らさなければならないのか」。実際、夫は韓国で療養施設に入れられた。よし子はそれに強く抗議をした。夫はサハリンでは目が不自由でもどこになにがあるのか全部わかっていて、ひとりでどこにでも行くことができた。なのに、韓国に永住帰国して療養施設に入れられ、病人扱いされたせいで、帰国してたった一年で亡くなったと思っている。

よし子は一度だけ韓国に行ったことがある。一時帰国の制度を活用して、永住帰国した家族に会うため、五年前に娘と一緒に訪れた。でも韓国には馴染めそうになかった。夫と一緒に永住帰国しなかったのも、ロシアこそが自分の国だと強く思っているからだ。よし子はサハリンを「終の棲家」にするつもりだ。

解説
サハリンで交錯する日韓の「残留者」たち

解説　サハリンで交錯する日韓の「残留者」たち

サハリン残留〈日本人〉――日韓ロの多層的空間を生きる

「サハリン残留〈日本人〉女性」という存在には、戦前に彼女たちをサハリンに向かわせた「階級」、日本人・朝鮮人という「民族」、そして女性であれば「ジェンダー」の問題が絡んでいる。戦後サハリンにおいて残留を強いられた〈日本人〉女性は、帝国日本における民族・階級・ジェンダーの結節点に位置するのだ。

これらの人たちが一九九〇年代以降、日本や韓国に永住帰国を果たしているが、その姿はかならずしも明確ではない。サハリンの南半分は一九四五年の日本敗戦まで「樺太」として日本の統治下にあったが、その歴史的な位置や性格については多様な議論が存在する。それによって樺太は、植民地なのか北海道の延長なのかも曖昧なまま、研究の数も台湾、朝鮮、満州（中国東北部）などの旧植民地や占領地に比べてきわめて少なく、サハリン残留〈日本人〉は近年になってようやく認識されるようになった。

つまり、一九八〇年代から注目された中国残留日本人（残留孤児・残留婦人）については、研究成果も活発に出されているが、サハリン残留〈日本人〉については、手記やノンフィクションを除けばどのような歴史を生きてきたのかが十分に解明されていない。中国帰国者への行政的な取り組みとして推進される永住帰国の制度においても、サハリン残留〈日本人〉は「中国残留邦人等」という付随的な問題として扱われる不可視の存在なのだ。

近代日本は北海道、沖縄に領域を拡大し、台湾、朝鮮半島、サハリン、満州を植民地化することで帝国を形成した。植民地の獲得を目指す思想や政策の拡張主義は、「文明化の使命」という口実のもとに、被植民者に精神的・心理的な劣等意識を植えつけるイデオロギーとなった。こうした植民地主義を基礎とする支配者と被植民者の関係は、帝国の解体によって解消するのではなく、むしろ植民地主義を持続・反転・再生産することで矛盾をはらむことになる。

サハリン残留〈日本人〉の背景には、戦前の移住と戦後の生活空間の再構築、ならびに近年の「帰国」という移動と定住をとおして浮き彫りになる「継続する植民地主義」がある。同時にこうした帝国主義・冷戦・グローバル化の歴史的空間には、植民地主義のゆがみとねじれに向き合いながら多文化的・多言語的な生活空間を創造し、日本と韓国、そしてロシアにまたがって築きあげてきたトランスナショナルな生活世界が広がっている。本書は、サハリンで交錯する日韓の「残留者」たちが生きる日韓ロの多層的空間の意味について考えるものである。

サハリン帰国者のトランスナショナルな生活空間と言っても、そのかたちはさまざまだ。夫が残留朝鮮人であることが多いサハリン残留日本人女性は、夫婦のみが日本に帰国した場合、サハリンに息子や娘を残していることになる。さらに、夫婦の両親やきょうだいが韓国に永住帰国していたりもする。またサハリンに残った子世代の夫婦の片方の親が日本に、もう片方の親が韓国に永住帰国していることもよくある光景だ。

一方で、日本へ永住帰国する残留日本人の夫婦は、子世代の家族を同伴することができる。その場合も、公的な帰国支援の対象となる子世代一家族のみを同伴するケースもあれば、帰国後に私費ですべての家族を呼び寄せることもある。また、日本人女性には朝鮮人の夫とともに韓国に永住帰国した人も少なくない。もちろんいまなお帰国せず、サハリンで生活し続ける人もいる。

したがって、日韓の多文化・多言語的な家族の生活史をとおして、「本国帰国者という移民[註1]」としてのサハリン残留〈日本人〉の生活世界に迫れば、日本と韓国における帰国政策の相違と、遅れてきた国民国家への包摂がもたらした新たな離散に抗いながら創造する、サハリン帰国者のトランスナショナルな生活実践およびアイデンティティの可能性が見えてくる。

本書では、北海道および韓国のソウル近郊の安山・仁川の帰国者、さらにサハリンの残留者にインタビューを実施した家族の物語をとおして、これらの家族が実践的につくりあげるトランスナショナルな生活空間について見てきた。

ここであらためて、樺太／サハリンをとりまく歴史的位置と性格について整理しておきたい。

サハリン／樺太の歴史的位置

サハリン（樺太）は、北方四島とともに、日本とロシアの帝国主義的な拡張と戦争、そして国民国家への再編の過程で、外交交渉によってあるいは戦利品として、その帰属がいくども変更されてきた領域である。

一八世紀以降、東進するロシアと北からの脅威に目を向ける日本が遭遇する。千島列島（クリル諸島）の最南端部（南千島）には、一八世紀後半から和人（日本人）が進出していた。一七五四年には、蝦夷地の対アイヌ交易権・漁業権を商人に請け負わせる場所請負制度が国後《くなしり》島で実施され、やがて和人がアイヌを使役して実際に漁場経営にあたることになる。一九世紀には、南千島は事実上、和人が統治する領域となっていた[註2]。

支配領域の確定を目論む日露両国は、一八五五年に日露和親条約（下田条約）を締結した。同条約では、サハリン島については帰属を定めず日露の共同領有地とし、千島列島についてはウルップ島と択捉《えとろふ》島のあいだに境界線を引いた。その境界線以南の南千島四島が今日の「北方領土」（択捉・国後・色丹《しこたん》・歯舞《はぼまい》）にあたる。サハリンの共同領有期に、ロシアはサハリン島を流刑

地にするなど（一八六九年）、ロシア化を推進した。[註3]

しかしサハリン島の領有関係をあいまいにしておくことは得策ではなく、一八七五年にサンクトペテルブルク条約（樺太・千島交換条約）が結ばれる。サハリン全島をロシア領にすることとし、ウルップ島以北を含む全千島列島を日本領にすることにしたのだ。サハリン島は二〇年間の共同領有期をへて、全島がロシアの勢力圏に入る。

ふたたび国境が揺れ動くのは、日本とロシアが帝国主義戦争として軍事衝突した日露戦争（一九〇四～〇五年）であった。日本は日露戦争の講和を見据えてサハリン全島を占領した。それには、樺太・千島交換条約により放棄した領土を回復するという意識も働いていた。ポーツマス講和条約が調印されると、サハリン島北部はロシア側に還付され、日本は北緯五〇度以南の南半分を領有した。サハリンは南北に二分され、日露は陸続きで国境を接するようになった。日本はさらに、ロシアの租借地であった関東州および東清鉄道の一部（後の満鉄〈南満洲鉄道株式会社〉）を獲得した。

北緯五〇度以南のサハリン島南部は「樺太」として日本の施政下に置かれ、地方行政官庁として樺太庁が設置された（一九〇七年）。ロシア人の住民は日本に編入されたサハリン島南部から追放されることになった。その一方で、一八七五年の樺太・千島交換条約によって北海道へ移住したアイヌのほとんどがサハリンへ帰還することになる。[註4]

第一次世界大戦のあおりでロシアが革命の渦に巻き込まれると、米・英・仏・日の四カ国は革命干渉戦争を標榜してシベリアに出兵した（一九一八〜二二年）。一九二〇年三月にサハリン対岸の尼《に》港《こう》（ニコラエフスク）では日本軍守備隊が赤軍（パルチザン）と衝突し、日本人居留民も巻き込まれ、およそ七〇〇人が犠牲となる大惨事となった。この「尼港事件」をめぐる問題が解決するまでの保障として、日本はサハリン島の北半分を占領して軍政を施行するものの（保障占領）、全島領有の目論見を果たせず、日ソ基本条約（一九二五年）によって撤退する。[註5] 一時的に日本が全島領有したサハリンは、ふたたび南北二分状態になった。

一九四五年の帝国日本の敗戦はさらなる領土変更をもたらした。敗戦間際の八月九日にソ連が対日参戦して満州（中国東北部）へとなだれ込むと、樺太・千島にもソ連軍の進攻が始まった。同月二三日には樺太が占領され、ほどなく南千島四島を含む千島列島もソ連軍の手中に落ちた。今日まで続く全島ロシア領期（ソ連時代を含む）の始まりである。

樺太庁（写真提供／札幌市中央図書館デジタルライブラリー）

一九五一年のサンフランシスコ講和条約で日本は樺太・千島の領有権を放棄したが、北方四島の領土問題が残されることになる。サンフランシスコ講和条約に参加していないソ連とは、一九五六年に日ソ共同宣言をとおして戦争状態を終結させたが、領土問題が絡んで両国間にはまだ平和条約が結ばれていない。したがってこの地域の帰属については国際法上は未確定のままだ。

日本統治下の樺太

日露戦争によって日本に占領されたサハリン島には、すぐに日本人が移住し、樺太の建設を開始した。[註6] 日本の植民地となった樺太には樺太庁が設置されるが、樺太の統治形式については日本政府内でも議論があった。樺太は台湾と同じく「新領土」だが、住民のほとんどが本国出身者から構成されている点で台湾とは異なるという認識は共有されていた。[註7]

こうして樺太庁長官は武官専任とせず、内閣が人事権を掌握した。また、樺太庁は本国の府県・北海道庁と共通の地方行政でありながらも、台湾総督府や朝鮮総督府と同様、鉄道・郵便・電信・電話・鉱山・国税など本国では中央省庁の管轄する業務をも行うこととなった。こうした総合行政の建前から、財政制度上もこれに対応する特別会計制度が設置されたのである。[註8] 町村も財政基盤が弱かったので自治体が固有の任務を負担する力がなく、ほとんど国家機関の樺太庁が代行する一方、税金の負担は内地（日本本土）より軽く、それだけ暮らしやすかった。[註9]

アイヌやウイルタ（旧称オロッコ）、ニブフ（旧称ギリヤーク）などの先住民族やロシア系住民などの原住者の人口が非常に少ない樺太は、法制度上も台湾や朝鮮とは異なっていた。台湾総督や朝鮮総督には本国の法律に相当する命令（律令・制令）の制定権が与えられたが、樺太庁長官に同等の権限は与えられなかったのである。新領土の樺太は、本国の法律を施行することはできなかったため、勅令によって選択的に施行することで法制度的には本国に準ずるものとなった。[註10] 樺太は、統治上特別な考慮を要しない「外地性の最も希薄な」外地であったのだ。[註11]

ただしこれは法制度上、樺太が本国と同じ領域に属したことを意味するのではない。本国の法律が勅令によらずには施行されない点で、樺太は「内地同様」ではなかった。こうして統治機構としての樺太庁は、本国府県とは異なるとしても北海道庁と台湾・朝鮮総督府との中間に位置し、むしろ北海道庁との共通性が強かった。[註12] しかし、気候や土壌が農業に不向きである樺太は、北海道のように自発的な農業移民を誘致して拓殖事業を進めることは困難であった。したがって樺太庁は、樺太を資源根拠地として本国資本の従属的地位に置く植民地政策を追求するのである。[註13]

樺太庁は集団移民制度を整備して農業拓殖を推進したが、そこには内地から集団的に移住し直接農業経営を始めたような典型的な農業移民以外にも、林業労働にも従事する移民兼業世帯や畜産生産物の販売を目的とする商業的農業世帯の姿もあった。もちろん樺太農政の実態が樺太庁の農家経営モデルに収斂しない各農業従事者個人の集合に過ぎなかったとしても、樺太庁は農業拓殖の推進に向けて、皇太子裕仁親王（のちの昭和天皇）の「樺太行啓」（一九二五年）や樺太篤農家顕彰事業などを通じて樺太農民に拓殖イデオロギーを受容させたのである。[註14]

しかし米穀を初め生活物資のほとんどを日本内地からの供給に依存する樺太の財政は、漁業、林業とパルプ・製紙、石炭業などを基幹産業とする自然資源の植民地型搾取経済に支えられ、こうした産業基盤のもとに移民社会は形成されていく。歴史地理学者の三木理史が言うように、朝鮮や台湾が、在留日本人の多くが植民地のホワイトカラー職種に従事する「搾取投資型植民地」であったのに対して、原住者人口が希薄な樺太は「移住型植民地」として成立したのである。[註15]

領有当初の樺太の基幹産業は漁業であった。しかし冬季に海が結氷するため、樺太庁は漁業収入を陸の資源開発の基盤整備にあて、より長期的な植民政策の条件を整えようと考えていた。こうして林業と石炭業が樺太の基幹産業となった。[註16]一九一〇年代後半から三井財閥―王子製紙による産業化で資本拓殖が始まり、パルプ・製紙工場の島として日本人移住者の経済的基盤を確保することになる。[註17]

林業・石炭・製紙業は一元化し、樺太の都市部はこうした三産業のコンプレックス（複合体）として発展していく。その結果、樺太の玄関口である大泊（一九一四年）や、樺太庁の所在地である豊原（一九一七年）、西海岸の中心都市である真岡（一九二〇年）だけでなく、西海岸北部の恵須取（一九二五年）、東海岸北部の知取（一九二七年）までパルプ・製紙工場と林業地帯は拡散

した。[註18]

パルプ工業は一九二六年までに八工場が進出し、日本のパルプの約五割を供給するようになった。[註19] こうして社会経済面で樺太庁は、資源根拠地として本国資本の従属的位置に置く植民地政策を追求した。豊富な天然資源を「エサ」にして、樺太庁が本国の大型資本を「輸入」し、その資本をめがけて移民労働者が島に押し寄せたのである。[註20]

朝鮮人の移入と強制動員

日本が戦時体制（一九三九年以降）に入ると、樺太の石炭に注目が集まった。一九三〇年代後半以降、樺太は日本の燃料基地化する。最大の産地となった太平炭鉱を抱える恵須取地方への植民はさらに拡大した。一九三五年時点で二万六五四九人だった恵須取の人口は、一九四一年には三万九〇二六人まで急増し、豊原を抜いて樺太最大の都市に成長していた。[註21]

この西海岸北部は、多くの労働者を引き寄せる地域であった。

樺太の林業　（写真提供／札幌市中央図書館デジタルライブラリー）

樺太が国の生産力に直接寄与できる最大のものが石炭であって、それこそが樺太の存在意義でもあった。良質炭が豊富な西海岸北部は新坑開発を各社が競い合い、好況から労賃が高かったため、労働者が農村や北海道の炭鉱から流入した。これが内地における戦時の労働力の適正配分をそこなうとして脅威を与えたことから、朝鮮人労働者が送り込まれたのである。[註22]

ロシア史研究者の天野尚樹は、こうした樺太への植民が急激な産業化をともなうことで労働力の確保が容易ではなく、しかもそれが本国中央資本と直結して進められることで、拡散した都市間の島内交通体系の整備が軽視されたと指摘する。[註23] その労働力不足の解消にあてられたのが朝鮮人労働者だった。

前出の三木理史が述べるように、樺太には、シベリア出兵当時の日本軍の北サハリン保障占領の撤廃にともなって多数の朝鮮人が南下したこともあり、一九二六年一二月末の段階で三四八七人の朝鮮人が居住していた。[註24] 樺太の植民地経営では、労働力確保において日本人移住者の誘致と定着促進が重要であったが、それが思うにまかせず、結果代替労働力として朝鮮人や中国人に目が向けられた。日ソ基本条約が締結された一九二五年以降、朝鮮人は樺太第二位の人口を有する民族となり、樺太庁は危機感を抱くほどであった。[註25] 樺太を「多数エスニック社会」としてその移民社会形成を考察したサハリン史研究者の中山大将も、一九三八年末には七六二五人の朝鮮人が樺太に居住していたという。[註26]

帝国日本が戦時体制に突入する一九三九年以降、朝鮮半島から募集・斡旋による労務動員が本格化する。ただ、一九三〇年代後半以降急激な増産をとげてきた樺太炭の出炭高は一九四〇年度がピークで、以降は配船不足が原因で貯炭量が増大することで採掘の抑制を余儀なくされ、炭鉱の整理統合が必要となった。[註27] アジア太平洋戦争の本格化により、戦線が拡大していく南方へ船舶が動員されたのが原因であった。

樺太は、燃料基地化が挫折すると植民地としての地位も揺らぐことになる。その打開策として島内社会資本の整備をはかるとともに、優良炭鉱を選択して維持し、石炭の島内加工による工業化も継続した。そこで、戦時体制により日本人労務者の確保が困難になると、朝鮮人は動員政策の調整弁として機能することになる。[註28]

このように一九四〇年代に労働力の不足に悩まされた樺太では、戦時労務対策として朝鮮人移入がいち早く決定していた。[註29] それにより朝鮮人移民の数は、一九四〇年に一万六〇五六人、一九四三年には二万五七六五人へと急激に増加するのであるが、その多くは男性

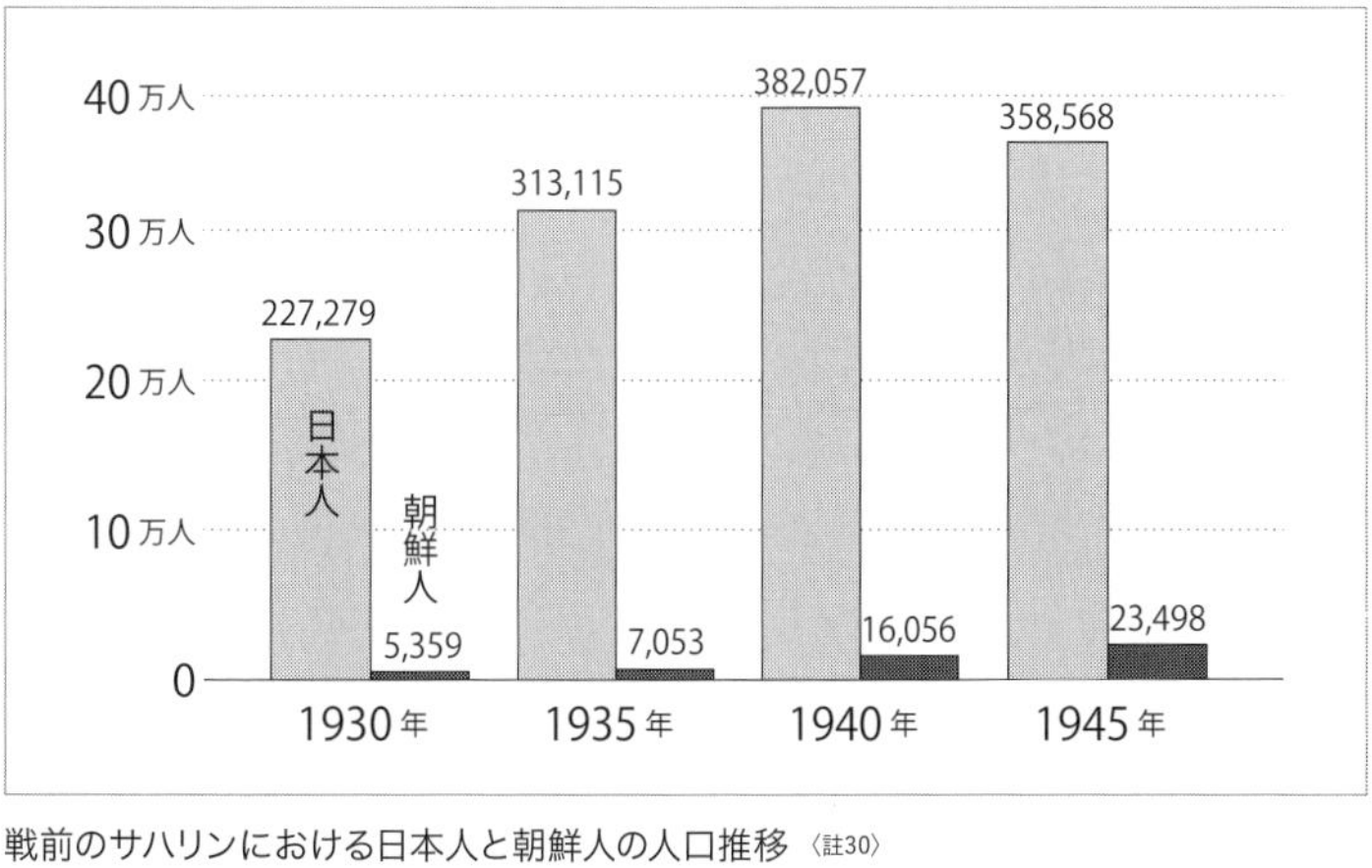

戦前のサハリンにおける日本人と朝鮮人の人口推移〈註30〉

労働者が占めていた。[註31]

一九四四年九月、樺太西海岸の恵須取以北の一三カ所の炭鉱事業所から、およそ九〇〇〇人の炭鉱労働者が内地の東北や九州に配置転換された。[註32] そのうち三〇〇〇人が朝鮮人であった。折からの船舶の不足により、掘り出した石炭が山積することで自然発火の恐れがあった。もはやサハリンで採掘した石炭の本土への輸送は困難となっていた。一九四四年八月一一日、日本政府は戦況の悪化を理由に「樺太、釧路における炭坑労働者及資材に関する急速転換の件」を閣議決定して配船打ち切りとした。[註33]

なお、樺太では朝鮮人の人口増加にともない、内鮮人融和団体が結成された。これは、内地で朝鮮人支配組織として警察を中軸にして結成された内鮮協和会に呼応してできたものである。一九二七年一〇月の時点で七つの団体があり、その活動は日本語の指導、労働の斡旋・指導、福利・救済が中心であった。やがて皇民化政策を推進するための樺太協和会が設立されることになる。ただし当局は、一九四〇年代に入って朝鮮人労働者が急増するなか、その大部分は「無学文盲」の肉体労働者であり、道徳観念や遵法精神がきわめて薄いと認識しており、すぐに「内地化」する存在とはみなしていなかった。[註34]

このように「移住型植民地」である樺太では、移住者の階級的要素もあいまって、朝鮮や内地とも異なる支配と被支配の関係が構築されていたことも考えられる。

敗戦と逃避行

樺太の日本帝国臣民（朝鮮人含む）の数は一九四一年に四〇万人を超え、炭鉱労働者の配置転換もあったが、敗戦時の一九四五年にもおよそ四〇万人が生活を営んでいた。ソ連との国境は陸続きとはいえ、一九四一年四月に日ソ中立条約が結ばれたので緊張感はなかった。樺太では内地のように空襲で家を焼かれることもなく、内地からの来訪者にとってはじつに平和な島として映った。[註35]

北緯五〇度線の警備も、樺太庁警察部が少数の武装警官を配置しているに過ぎなかった。ノモンハン事件（一九三九年）を契機に樺太混成旅団が上敷香で編成されるが、ソ連を刺激しないため覆面兵団として、小規模の歩兵部隊が国境に近い古屯《ことん》に派遣されていた。海上警備の拠点は恵須取だった。[註36]

しかし大本営は戦況が悪化すると、日ソ中立条約があるソ連よりも米軍の進攻に備える作戦にウエイトを置き、航空兵力も南千島へ移動していった。さらに一九四五年二月に樺太混成旅団を第八八師団に改編して、ソ連に対するものとしてはわずか一大隊を古屯に残し、師団主力を上敷香四方、内路に振り向け対米陣地を構築した。しかもにわか編成の第八八師団は装備も整わず、糧食・被服・武器・弾薬などを輸送する輜重《しちょうたい》隊の場合、小銃は六人に一丁しかなく、戦争にな

れば竹槍に銃剣をくくりつけて敵に向かわなければならないような隊もあった。[註37]

一九四五年八月八日、ソ連は日ソ中立条約を破り、日本に宣戦布告して翌九日に満州（中国東北部）およびサハリンで攻撃を開始した。国境付近や樺太北部東海岸の敷香および西海岸の恵須取・塔路には、空襲が激しくなっても、迎え撃つ日本の戦闘機は見当たらなかった。一三日の未明には恵須取・塔路に艦砲射撃が行われ、地上部隊の攻勢も本格化することになる。

樺太庁長官の大津敏男は、ソ連軍の攻撃が始まった八月九日に内務大臣から、最小限の期間内に緊急に住民を樺太から引き揚げさせること、ただちに全備蓄食糧、企業および各機関の設備、備品その他の有用な資材を搬出するよう指令電報を受け取っていた。[註38]「非常時の住民、物資輸送計画」をひそかに想定していた樺太庁と第八八師団は、早急に輸送計画を立て要綱を作成し、一三日から老人と子ども、そして婦人を北海道に緊急疎開させた。しかし北部の戦況は南部の町にはほとんど知らされていなかった。それゆえ当初は緊急疎開も希望者が少なく、一五日になっている国境周辺の村々の人たちがほうほうの体で南下してくるのを見て、ようやく戦火に巻き込まれることを実感した。[註39]

樺太では、八月一五日の「玉音放送」では戦争が終わらなかった。樺太最大の都市となっていた恵須取にソ連軍が上陸した（八月一六日）。西海岸線の鉄道の終点を泊居から恵須取に延長する計画はひとまず久春内まで完成していたが（一九三七年）、軍の作戦上の必要から資材を転用して敷香以北の国境に向かう東海岸線の延長に投入した。[註40] したがって恵須取には鉄道が開通しておらず、港町の大泊や真岡がある南部に避難するためには、樺太山脈を越えて、東海岸の内路までの九〇キロの内恵道路か、西海岸沿いを南下し、珍内を通過し、久春内までのおよそ一〇〇キロの珍恵道路を踏破するしかなかった。[註41]

ソ連軍の地上部隊が南下するなかで、樺太の日本人や朝鮮人は、「逃避行」という苦難を経験したのである。「逃避行」は女性や老人、子どもには耐えがたい過酷な道程であった。

「終戦」後の八月一七日にはソ連軍が恵須取を落とした。樺太の政治・経済・文化の中心であった豊原の駅周辺は空襲で焼け野原となり、二〇日には真岡も艦砲射撃を受けた。ソ連軍が真岡に上陸して制圧する過程で、真岡郵便局の電話交換手であった九人の女性が服毒自殺する事件が起きた。大泊から北海道への「脱出」は、二三日にソ連軍が宗谷海峡を封鎖するまで行われた。その数は七万六〇〇〇人に上った。

しかしその後も北海道へ渡る者があとを絶たず、約二万四〇〇〇

豊原駅前から見た神社通り　（写真提供／札幌市中央図書館デジタルライブラリー）

人が漁船などを使って脱出したとされる。[註42] その一方で、家族を捜して北海道から「逆密航」する人たちも少なくなかった。その過程でソ連軍に捕まり、シベリアに送られる者もいた。一九四四年の配置転換によって内地に送られた朝鮮人の炭鉱労働者のなかには、監視網をくぐって家族のもとに戻って、その後残留を余儀なくされた人もいる。[註43]

樺太の組織的な戦闘は、八月二二日に知取で日ソ停戦協定が成立し、翌二三日にソ連軍陸上部隊が豊原に入城することで終了した。二五日には最南端の大泊を掌握し、ソ連はサハリン全島を制圧した。このときおよそ三〇万人が足止めされ、そこには二万三五〇〇人の朝鮮人も含まれていた。港のある町や豊原に集まっていた七万人の人びとはもとの居住地に戻るよう命じられた。南サハリンとクリル諸島で侵略者として振る舞うソ連部隊の指揮官や兵士たちは、乱暴狼藉をはたらき、略奪も行うなど一カ月にわたって無秩序・無法状態が続いた。[註44]

「樺太」から「サハリン州」へ

こうした混乱は南サハリン民政局が設置されることで収束へと向かう。戦後初期、ソ連軍は樺太庁を存続させ、民政局が樺太庁の大津敏男長官に指令書を出して命令を布告する間接統治方式をとった。ソ連政権に対して忠誠を尽くしていることを日本人住民に見せつけるためにも、大津長官の存在を利用する必要があった。そして統治機構としての樺太庁の役割が終了した一九四五

年一二月三〇日に大津長官は逮捕され、ハバロフスクの軍事法廷に送検された。[註45]

同時に樺太庁は廃止され、一九四六年一月一日にクリル諸島(千島列島)とともにハバロフスク地方の一行政単位として南サハリン州が創設された。そして一九四六年二月二日、ソ連邦最高幹部会議の指令「南サハリン及びクリル諸島の土地、銀行、工業・公営企業、鉄道、水運、通信手段の国有化について」が出された。これによって両地域におけるすべての土地と資源、ならびに従業員一〇人以上の企業が国有化され、共産主義体制の組織化が進むことになる。[註46]豊原がユジノサハリンスクにあらためられたように、各地名も日本語名からロシア語名に変更された。

ソ連にとってはなによりも、新たに編入された領域の生産復興と政治的・経済的安定が急務であった。それは、これまで帝国日本の臣民であった日本人や朝鮮人住民の生産活動によって維持するほかなかった。これらの住民の引き揚げは、生産活動を引き継ぐべきソ連住民が定着するまで急ぐことはなかったのだ。それは、

日本人家庭に同居したロシア人家族(ユジノサハリンスク〈豊原〉、1945年。写真提供/サハリン州歴史史料館)

ソ連占領下のサハリンでロシア人と日本人、そして朝鮮人が共存することを意味した。

一九四六年にソ連政府は公式に南サハリンおよびクリル諸島への移住キャンペーンを開始した。同年の六月六日には、一万七三六四人の最初の移住者がサハリンに到着し、七月一五日までに二四八〇世帯に達した。移住者たちは地区別に割り振られたが、どの企業も受け入れの準備は整っていなかった。一一月には、大陸から到着した移住者によって南サハリン州の九つの地区に二四のコルホーズ（集団農場）が組織された。[註47]

南サハリンの都市や町では、さまざまな施設や組織に割り当てる建物や部屋はもちろん、修復のための建設資材が圧倒的に不足していた。すべてが不備・不足の状態にあったため、サハリンに移住して来たソ連市民が住居を得て落ち着いた生活を築くのは、非常に厳しかった。[註48]こうした事情から、ソ連の軍人や新たな住民が日本人の住居を間借りして生活することも珍しくなかった。

日本の学校教育は占領後の混乱のなかで再開された。戦前の樺太には日本人子弟のための教育機関として、小学校二七三校、中学校一四校、特別学校一二校があり、児童・生徒数は全体で七万九七二九人であった（一九四六年当時）。民政局長官クリューコフは、日本学校同様、ロシア学校の問題にも心を配り、ユジノサハリンスクに最初のロシア学校が開校した。[註49]さらに朝鮮人も自らの民族学校を設立することになる。

こうして日本人の学校教育は校舎の分割利用、二交代授業、あるいはすし詰め利用をしながら、修身と地理の教科を除外して、一九四六年までは継続された。[註50] その後日本学校は、日本人の引き揚げによる子どもの減少にともなって統合・縮小されたり、ロシア学校や朝鮮学校に転換されたりした。

一九四七年一月二日には南サハリン州も廃止となり、サハリン全島とクリル諸島からなるサハリン州が設置された。

日本人の引き揚げと朝鮮人の残留

戦後の国際秩序を構想する連合国側からすると、民族問題の解決のため、日本帝国の版図に拡散した人びとを国民国家の枠に収束させることは喫緊の課題であった。連合国の占領地区では、戦後まもなく引き揚げが開始されるが、前述のとおり、ソ連にとって日本人の引き揚げは優先課題ではなかった。

ソ連邦からの日本人（軍人を含む）の引き揚げは、ソ連邦閣僚会議に全権がゆだねられ、サハリンでは極東軍管区軍事委員会と共同で遂行されることになる。引き揚げ実施のために、州と地区それぞれに引揚問題委員会が創設された。[註51]

森林火災の消火用品やペンキを扱う日本の協同組合
（コルサコフ〈大泊〉、1945 年。写真提供／サハリン州博物館）

ソ連軍がサハリンを制圧することで足止めされていた日本人は、GHQ（連合国軍総司令部）とソ連とのあいだで一九四六年一一月二七日に締結された「ソ連地区米ソ引揚暫定協定」によって、翌月から集団的に引き揚げることになった。すでに一一月に入ると引き揚げの準備は進められていて、引揚港として真岡が指定され、旧学校校舎に引揚者の滞在施設が設置された。一二月五日に日本への引き揚げ第一船が函館に入港した。八日まで四隻が入港したこの第一次引揚では、一般人二七八七人、旧軍人二九一五人の計五七〇二人が日本に引き揚げた。一二月一九日には正式に「ソ連地区米ソ引揚協定」が結ばれた。

一九四七年一月に六一〇三人を乗せた四隻の引揚船が出航することで第二次引揚が始まるが、本格化するのは同年春以降に一八万八六五人が引き揚げた第三次引揚からである。一九四八年の第四次引揚でも一一万四〇七三人が帰国した。戦後直後の集団引揚は一九四九年の夏に四七〇九人が引き揚げた第五次引揚をもって終了する。およそ三一万人（千島列島を含む）が帰国したこの集団引揚を、本書では「前期集団引揚」と呼ぶ。

引揚者リストに定められた帰国出発の順序は、第一便は、日本に家族がいる企業のオーナーと幹部、管理、インテリ、会社員であった。その後に労働者と一九四七年の農作物収穫を終えた農民、農村の勤め人の一部が発っていった。引き揚げの順番が最後になっていたのは、医者、教員、技術者、宗教関係者だった。[註52]

ソ連地区米ソ引揚協定では、毎月五万人を引き揚げさせることになっていたが、計画が順調に進むことはほとんどなかった。その理由には、冬季の海面凍結やソ連の食糧事情もあったが、経済事情および労働力確保のため、やむなく日本人労働者の引き揚げのテンポを遅らせることをソ連政府は認めていたのだ。[註53]

しかし引き揚げが遅れた日本人よりも惨々たる運命を強いられたのは、募集や官斡旋、戦時徴用など強制動員によって連れてこられた朝鮮人である。これらの人たちは、過酷な労働条件のもとで給与まで貯金を名目に取り上げられただけでなく、契約期間が満了しても帰国が許されず、さらに一九四四年の配置転換によってサハリンと日本本土に家族が引き裂かれた。さらに日本人が引き揚げるなかでその対象になれなかった朝鮮人は、引揚船に乗り込むことすら認められなかった。サハリンに取り残された朝鮮人からすれば、日本人だけの引き揚げは理解に苦しむ出来事であった。

連合国の占領下にある日本は、サハリンに取り残された自国民の引き揚げを積極的にGHQに要求していたが、朝鮮人の引き揚げを要請したという痕跡は見当たらない。GHQもサハリンでは二万人から四万人にいたる朝鮮人が引き揚げを待っていることは把握していた。GHQ参謀第三部（GⅢ）は朝鮮人を乗せて真岡から佐世保に寄港して釜山に帰るという具体的な方策を外交局に提案するが、朝鮮内の秩序安定を優先する在朝鮮の米軍政当局にとってそれは緊急の課題で

はなかった。[註54]
　ソ連政府も人口調査を実施して、サハリンにはおよそ二万三〇〇〇人の朝鮮人がおり、これらの朝鮮人が祖国への帰還を望んでいることを認識していた。一九四七年に日本人の引き揚げが本格化すると、朝鮮人の帰還要求も活発化した。サハリン州の引揚問題委員会は四七年に数回にわたり、朝鮮人が本国への送還を要求していることをソ連邦閣僚会議引揚問題委員会に報告し、それはモトロフ外相にも伝わっていた。[註55]
　ソ連邦閣僚会議引揚問題委員会委員長のガリコフ大佐は一九四七年一二月、翌四八年の下半期に朝鮮人を送還する計画を立てた。彼は朝鮮人を労働力確保のために抑留することはソ連にとって有益ではないとしつつも、その送還先については北朝鮮にするべきだと主張した。[註56]しかしこの計画は承認されなかった。南サハリンの産業および漁業労働力に打撃を与えるため、四八年には集団送還は行わず、それについては日本人の引き揚げが完了したあとに決定することになったのだ。日本人の前期集団引揚は四九年に終了するが、翌年勃発する朝鮮戦争（一九五〇〜一九五三年）は、サハリンの朝鮮人の運命が残留へと帰結する決定的な要因となった。[註57]

サハリンの朝鮮人社会の形成

　日本の敗戦は、サハリンの朝鮮人においても衝撃であっただろう。樺太は一九四三年に内地に編入されることで植民地的性格から脱し、本土と一体化された。[註58] 実態はともかく、行政的には内地の一部となった樺太は、朝鮮人にとって日本の領土以外のなにものでもなかった。子どもたちは皇民化政策が施される学校教育に組み込まれ、日本語を日常的に使用する家庭も少なくなかった。それが、ソ連の占領下に置かれて、宗主国の日本帝国が解体すると、朝鮮人として未来を切り拓いていかなければならなくなったのである。

　サハリンの朝鮮人たちは、解放された祖国への帰還に備えて、在日朝鮮人と同様、民族的アイデンティティを育む教育に力を注いだ。日本の敗戦後、サハリン州人民教育部により各地に朝鮮学校が組織された。一九四五年度内に二七校の初等学校が開校した。次年度は二八校になり、七年制の中学校も八校開校しておよそ三〇〇〇人の生徒が就学した。設立当初、日本式に行われた教育はすぐにソ連式システムに再編されるが、朝鮮語で教育を行うための教師と教科書が不足していた。州人民教育部は、教員の能力向上のために研修などを組織したが、容易に解決できる問題ではないとみて、モスクワの党中央委員会に対して中央アジアから朝鮮人教師の派遣を要請した。[註59]

　中央アジアの朝鮮人とは、一九世紀中盤以降に朝鮮半島から極東ロシアの沿海州へと移り住み、一九三七年にスターリンの政策によって中央アジア各地に強制移住させられたソ連在住の朝鮮人のことで、「高麗人」と呼ばれている。一九四六年からこれらの高麗人が、朝鮮人をソビエト社会に同化させるための指導要員や通訳としてサハリンに派遣された。朝鮮人労働者が大勢働いていた事業所では、かならずといっていいほど高麗人が副管理（副社長）の身分で、政治部長として朝鮮人労働者に対して権力をふるっていた。[註60]

朝鮮人の学校教育でも高麗人が要職についた。高麗人教師は一九四七年末の時点ではサハリン州全体で三三名に過ぎなかったが、四八年には一〇〇人以上の高麗人が派遣された。やがて、朝鮮学校の教師は高麗人によって占められていく。[註61] 高麗人の教師は、日本に染まった朝鮮人を政治指導する使命感に燃えていた。それゆえサハリン残留朝鮮人とは葛藤をひき起こすこともあったように、異質な存在として見られた。サハリンに派遣された高麗人は二〇〇〇人に達した。

また日本人の引き揚げによって不足する労働力を補うために、ソ連政府は北朝鮮の政権（一九四八年九月に朝鮮民主主義人民共和国樹立）と協定を結び、一九四六年五月から六月にかけて、約二〇〇〇人の朝鮮人労働者を募集し、主に水産業に従事させた。最終的には四九年までのあいだに、二万八九一人の労働者と五一七四人の家族を受け入れたのである。[註62] 契約期間は二年間あるいは三年間で、漁業、石炭業、林業の現場に投入された。だが、契約期間が切れて帰国した者は一万四三九三人で、一万一五〇〇人の北朝鮮の労働者およびその家族が残留したのだ。その後、彼らも徐々に帰国していき、六二年の時点で残留者は三八五一人になっていた。[註63]

高麗人や北朝鮮労働者の一部はサハリンに踏みとどまり、こうした多様な朝鮮人が戦後サハリンの朝鮮人社会を形成したのである。

国籍に翻弄される人たち

朝鮮人のサハリン残留が長引くと、これらの人びとの市民的権利の問題が浮上した。無国籍のままでは移動の自由もなく、仕事にも支障をきたした。ソ連政府は一九五二年に閣僚会議の決議をとおして、ソ連国籍を認めることを決定し解決をはかった。内務省サハリン州警察署長プレトニョフ大佐からサハリン州執行委員会のクジク委員長への報告書によれば、サハリン残留朝鮮人および日本人のうち、一九五二年七二人、五三年一二〇四人、五四年五二九人、五五年一六六人、五六年（九月まで）一六六人がソ連国籍を取得した。[註64]

故郷への帰還を待ち望む人びとは、ソ連国籍を取得することは帰還の妨げになるとみて慎重だった。しかし一九七〇年代には定住化が進んで、多くの朝鮮人がソ連国籍を取得する。七〇年の時点で、三万五〇〇〇人強のサハリン残留朝鮮人のうち、ソ連国籍

レソゴルスク（名好）の朝鮮人学校の 1961・62 年度の卒業記念写真。前列右から１人目ハン・アレクセイと左から２人目のチョン・ワシーリーが高麗人の教員（写真提供／鄭泰植（前列右から２人目））

者は一万九四〇〇人で、北朝鮮国籍者が八三〇〇人、無国籍者が七七〇〇人弱であった。八九年になると無国籍者の数は二七〇〇人にまで減少していた。[註65]

一九五〇年代末の後期集団引揚（二三一ページ参照）で日本人妻とともに朝鮮人の一部が日本に引き揚げることになり、朝鮮人社会に動揺が走ると、ナホトカの北朝鮮（朝鮮民主主義人民共和国）領事館は、北朝鮮の国籍の取得や「帰国」を慫慂《しょうよう》する懐柔工作を公然と行った。韓国との国交がない冷戦のまっただなか、無国籍状態から逃れるためにもそれはひとつの選択肢であった。北朝鮮は、在日朝鮮人の「帰国事業」と同様、サハリン残留朝鮮人の北朝鮮への「帰国」を目論んでいた。実際、五九年から六一年にかけて朝鮮人が多数居住するサハリンの西海岸地方では、大学進学などを目指して、少なくない数の朝鮮人が北朝鮮に渡った。[註66]

しかしサハリンから北朝鮮に移住した人たちを通じて、彼の地の暮らしぶりが劣悪であるという情報が伝わると、一九六〇年代後半から七〇年代初頭にかけて、サハリンの朝鮮人は北朝鮮の国籍を放棄するようになっていた。一九七〇年に八三〇〇人いた北朝鮮国籍者は、八九年にはわずか三〇〇人になった。[註67]

ところで、朝鮮人の夫との関係で北朝鮮国籍を取得した日本人女性は、のちに思わぬ困難に直面することになる。日本に永住帰国するためには日本国籍を保有していたことを証明しなければならないのだが、日本の国籍法は自発的に日本国籍から離脱した人にはその回復を認めなかった。

多くの場合、やむをえない事情でソ連国籍や北朝鮮国籍を取得したサハリンの日本人女性はその説明に追われ、とくに北朝鮮国籍の場合は対応に苦慮することが多かった。

国籍取得をめぐっては、サハリン残留者や帰国者のあいだには時期や手続きなどにさまざまなケースが見られる。早い段階でソ連国籍を取るように誘われた人もいれば、申請してもなかなかもらえない人もいた。

日韓の多層的家族の形成

一九四六年から四九年にかけて前期集団引揚が行われても、サハリンにはまだ多くの日本人が残っていた。朝鮮人が引揚船に乗り込むことは許されなかったため、朝鮮人と結婚した女性やその子どもらが取り残されることとなったのだ。日本人女性の子どもには、朝鮮人夫とのあいだに生まれた子もいれば、朝鮮人と再婚する前の日本人夫との子もいた。

朝鮮人が残留を強いられることになると、これ

조선로동자
위대한사회주의십월혁명三十三주년

ソ連共産党サハリン州委員会の機関紙としてサハリンで発行された朝鮮語新聞（サハリン州歴史史料館所蔵）

らの朝鮮人と家族関係を形成するようになった日本人女性や子どもは、戦後サハリンの朝鮮人コミュニティの一員となり、多くの場合、朝鮮人として生きていくことになる。ただ、日本帝国の崩壊による民族的な序列構造の反転は、戦後のソ連支配下のサハリンにおいて、マイノリティである朝鮮人との関係に組み込まれることで重層的な構造をなし、サハリン残留日本人はさらにその下位に置かれることとなった。

このことは、サハリン残留日本人女性を日本人という民族カテゴリーだけでは把握することができず、他の民族集団との関係性、とりわけ朝鮮人とのあいだで形成された多民族的な家族関係のなかで考察しなければならないことを意味する。実際、朝鮮人の妻や朝鮮人家庭の養子となった戦後サハリンの日本人女性や子どもたちは、朝鮮の文化と言語の習得を余儀なくされ、その多くは朝鮮式の名前を有していた。

日本人と朝鮮人の家族は、サハリンに強制動員された朝鮮人男性が戦後行き場を失った日本人の女性を引き取ることで成立したという見方もある。しかし、日本人と朝鮮人との関係はそれ以前から構築されていた。前述したように、「移住型植民地」である樺太には戦前から多くの朝鮮人が出稼ぎに来ていた。ほとんどは単純労働に従事する男性であった。一方で、朝鮮や台湾が「搾取投資型植民地」であったのに対して、「移住型植民地」の樺太は、比較的農・牧・林・漁業に従事した「労務者的日本人」が多かった。サハリンにおいて日本人と朝鮮人の移住者は、支配と被支配にかかわらず階級的に近接していたのである。

植民地朝鮮において支配民族と被支配民族の身分差は決定的であったが、同化政策を推進する帝国は内地（日本）人と朝鮮人との「内鮮結婚」を奨励した。一九三〇年代になり皇民化政策が推進されると、朝鮮では「内鮮結婚」の数も徐々に増え、次第にその形態も朝鮮人男性と日本人女性の組み合わせが多くなる。[註68]

ところで「内鮮結婚」は植民地朝鮮よりも内地の方が活発であった。階級的矛盾が民族的矛盾を凌駕すれば、女性にとって「内鮮結婚」は生活向上のためのひとつの選択肢になりえただろう。とくに植民地帝国において「内鮮結婚」は民族間の結婚であっても「国際結婚」という意識は希薄であって、その敷居は幾分低かったと言える。それは植民地樺太においても同様だったに違いない。

前出の中山大将は、引揚者や未帰還者などの各種名簿を詳細に分析して戦後のサハリン残留日本人の実像に迫り、その数を一四四六人、うち六割にあたる八八一人が女性であると推定している。またこれらの数値からは、朝鮮人と日本人による家族形成が戦後期特有の現象ではなく、日本

戦前の樺太の日本人女性
（1945 年、写真提供／サハリン州歴史史料館）

帝国期にすでに起きていたことがわかる。[註69]

もちろん、多くの男性が戦時動員された樺太では、適齢期に達した日本人女性たちは戦後の混乱期を生き抜くために、朝鮮人やロシア人と結婚した。両親と死別したり、ソ連軍の攻撃で家族を失ったりした敗戦国民の日本人女性が、解放民族となったものの祖国に帰還できずにいる朝鮮人男性に依拠することは、自然な成り行きだったと言える。

こうした選択には、戦争の混乱のなかで占領軍による性暴力から身を守るためであったり、あるいは多くの日本人が密告等によってスパイ容疑で逮捕される状況で、家族を守るために強引に嫁がされたりするという受け身としての力関係が作用することもしばしばあった。[註70] また、貧困のゆえに朝鮮人の家庭に養子に出されることも多かった。こうして、婚姻関係として、あるいは義理の親子関係として、さらには再婚による家族関係として日本人と朝鮮人からなる家族が多数生まれることになる。

戦後サハリンの朝鮮人コミュニティは、朝鮮人と日本人、さらにロシア人など多層的なエスニック・マイノリティによって構成される生活空間であった。そこでは、基本的には「残留」という運命をともにする家族関係を築いたものの、かつての被支配民族である朝鮮人たちの恨みの矛先が日本人の妻や養子に向けられることもあった。そのため戦後サハリンの多くの日本人女性は、こうした幾重もの序列関係に拘束されながら、不可視の存在として生きていかなければならなかったのである。

日本人女性が帰国できなかった理由

一九五七年から五九年まで、日ソ共同宣言（一九五六年）によって当時まだ日本に引き揚げていなかった多くの日本人女性が、朝鮮人の夫および子どもを連れて帰国した。五七年八月から五九年九月にかけて、七六六人の日本人女性と、一五四一人の朝鮮人の夫およびその子どもが日本に引き揚げたのだ。このとき日本人妻をもつ朝鮮人男性が「恵まれた帰還」を果たすことになる。この集団引揚を「後期集団引揚」と呼ぶ。

このとき「邦人の配偶者たる朝鮮人」を受け入れたことは、日本政府としては不本意であった。日本政府は、引揚船に乗せるのは日本国籍を有する者に限ることをソ連側に申し入れるのが望ましいとしながらも、「一部でも受け入れを拒んだ場合、日本人引揚に及ぼす悪影響を考慮し、今回はかかる要求乃至申し入れを行わないことに」したのである。[註71]

したがって、韓国の駐日代表部が日本の外務省に口上書を送り（一九五七年八月六日）、戦時中に日本政府により樺太へ強制徴用された朝鮮人の差別待遇は不当かつ人道主義に反するものだとして、韓国人引揚者に対して引揚手当や旅費の支給など、日本人と同等の処遇を求めたことは、日本としては「見当違いも甚だしい」ことにほかならなかった。韓国・朝鮮に対する植民地支配や戦後補償問題への認識はないにひとしく、「引揚という観念において当然に受け入れられる者は日本国籍を有する者に限られる」のであって、朝鮮人を引き揚げさせることはまったくの想定外であったのだ[註72]。

ただ、一九五八年一月に日本人の妻とともに日本に引き揚げた朴魯学《パクロハク》や李義八《イヒパル》らが結成した樺太抑留帰還者同盟（のちに樺太帰還在日韓国人会と改称）は、その後のサハリン残留朝鮮人の帰還運動において重大な役割を果たすことになる。同会は冷戦下でソ連と韓国の国交関係がなく、数十年にわたって生死の消息すらつかめない状況のなかで、政府機関に嘆願書を出すなど帰還運動を展開する一方、サハリン残留朝鮮人と韓国の留守家族を結ぶ手紙の中継地となった。さらに同会は、六五年末から帰還希望者を募り、殺到する手紙をもとに七〇〇〇人余りの帰還希望者の名簿を作成した。この名簿が、サハリン残留朝鮮人の帰国の意志を示す具体的な証拠として、日本と韓国、ソ連の政治的な動きを促すことになる。

敗戦後の前期集団引揚では、多くの人が引揚者として日本社会へ復帰することができた。また日ソ共同宣言による後期集団引揚でも、主に朝鮮人と家族関係をもつ女性たちが引き揚げた。しかしこのときもさまざまな理由で日本に帰還できず、長らくサハリンでの生活を余儀なくされた人たちがいた。朝鮮人に引き取られた子どもは言うまでもなく、すでに朝鮮人と家庭を築いた残留日本人女性においても引き揚げは恣意的に行えるものではなかった。引き揚げなかったことがかならずしも自らの意志によるものではなかったにもかかわらず、諸般の事情で引き揚げを先送りしたり、あきらめたりした女性たちが祖国から棄てられることで、「サハリン残留〈日本人〉」となっていく。

日本政府は、中国残留日本人の場合、「敗戦当時一三歳以上であれば自らの意思で残った」としたように、サハリン残留日本人女性たちについても個人的意志によるものだとして引き揚げの対象とみなさなかった。しかも消息不明となった戦後の未帰還者の調査について最終的措置を講じるために制定された「未帰還者に関する特別措置法」（一九五九年、岸信介内閣）により、当時消息が不明な「中共未帰還者」の死亡処理が可能になった。サハリン残留〈日本人〉も同法にもとづき戦時死亡宣告により戸籍から抹消されたのである。

一九九〇年代以降、サハリンに取り残された日本人の一時帰国を支援する活動を展開したのが民間の日本サハリン同胞交流協会（後述）である。同会は九〇年代にサハリンに残留する日本人を調査し、リストを作成した。ところでこのリストは名前をもって日本人であることを選別したものではなかった。全体の一七三人のうちパスポートが日本の姓・名である者は六八人で、朝鮮の姓・名である者は八三人であった。半数以上が朝鮮式の名前だったのである。残りの二二人はロシア式の名前である。

このことは、戦後サハリンに取り残された多くの日本人が、戦後引き揚げられず一大マイノリティ集団となった朝鮮人コミュニティに包摂されたことを意味する。リストのほとんどは女性である。すなわち、戦後のサハリン社会は、日本と韓国の「境界」をもって分けることのできない重層的・複合的な歴史空間だったのだ。

本国帰国者としての永住帰国

東西冷戦のなかで関係国の利害関係がかみ合わず、空回りしてきた朝鮮人やサハリン残留日本人の帰還の歯車は、一九八〇年代後半になって冷戦崩壊という世界的な変動を迎えて動き出した。ここにきてようやく関係国の思惑が一致するようになり、歴史の波に乗ってサハリン残留者の永住帰国や本国との相互訪問が可能となったのである。ただし、これらの人たちが、近年日本や韓国に永住帰国しているが、その行き先が各々の「祖国」になるとは限らない。

現在の日本と韓国のサハリン残留者に対する「帰国」への制度的な差異によって、こうした家族が日韓で別れて生活することもしばしばあるように、サハリン残留〈日本人〉〈朝鮮人〉の多くは、日本人・韓国人としてのみでは捉えきれない日韓ロにまたがるトランスナショナルな「本国帰国者」という問題領域を提供している。以下、「残留日本人」の事例を概観してみたい。

一九九〇年代に入り、サハリンに取り残された日本人の公的支援による一時帰国が始まる。一時帰国を支援する活動に取り組んだのは、民間の「樺太同胞一時帰国促進の会」（日本サハリン同胞交流協会をへて、現日本サハリン協会）である。一九九〇年に初の集団一時帰国者を迎え入れ、九二年からは永住帰国も支援することになった。二〇一三年に現在のＮＰＯ法人日本サハリン協会に引き継がれるまで、同会の支援を受けて一三四世帯三〇三人が永住帰国した。私費で呼び寄せた家族を含めるとその数はさらに膨らむ。

サハリン残留日本人の一時帰国および永住帰国は、基本的には中国残留日本人の帰国に対する政策の範疇で実施されている。中国残留日本人の帰国支援は一九八〇年代に援護の一環で推進されてきたが、サハリン残留日本人は「中国残留邦人等」に含まれ、その処遇も中国残留日本人のそれに準ずるものであった。

中国残留日本人については、一九九四年に中国残留邦人帰国促進自立支援法（中国帰国者支援法）が制定されることで[註73]、これまで援護の次元で行われていたものが法的根拠をもって帰国促進と自立支援を「国家の責務」として遂行することになる。[註74]とはいえ、これがすぐさま中国帰国者が普通の日本人として生きていくことを意味するのではなかった。

そもそも法律の制定自体が遅すぎたため、残留婦人はすでに高齢世代に入り老後の生活に不安を感じていた。残留婦人の面倒をみることを条件に成人子女一世帯の同伴が認められたが、これらの子世帯の就業、住宅、就学など新たな問題が発生した。これらの問題解決は、生活保護に頼らなければならない残留孤児にも切実であった。残留孤児や帰国者二世・三世の場合、言語や生活上の問題のみならず、日本人でも中国人でもないアイデンティティの葛藤に遭遇しなければならなかった。

二〇〇〇年代に入り、各地で中国帰国者の処遇改善を求める動きが活発化した。そして二〇〇二年一二月、残留孤児が長期間自分たちを放置し、帰国後にも「普通の日本人として生活していけるための必要な施策を実施してこなかった」として国を提訴したのである。[註75] これらの一連の訴訟はほとんど原告の敗訴で終わったものの、日本政府は支援策の拡充を表明した。二〇〇七年に中国帰国者支援法が改正され、残留孤児が生活保護を受けなくてもそれに準ずる金額が受け取れるなどの「新たな支援策」が施行される。

一方、サハリン残留日本人の帰国支援は民間主導で実行されてきたことが、中国残留日本人とは大きく違っている。一九八九年の暮れに結成された日本サハリン同胞交流協会が、サハリン残留日本人の帰国支援の窓口になることで、これらの人びとの一時帰国や永住帰国が実現した。「助けてくれたのは国ではなかった」のである。[註76] サハリン残留日本人の一時帰国・永住帰国は、長らく事務局長として日本サハリン同胞交流協会を率いてきた小川峡一などの役員や帰国者本人たちの献身的な努力によって可能となったのである。

日韓の帰国政策の現状

それでは、日本における公的機関による帰国者への定着・自立支援はどのように実行されたのだろうか。

日本に定着するようになった中国やサハリンの帰国者にとっての急務は、なによりも日本語の習得と生活の安定であった。中国帰国者の地域社会への定着と日本社会への適応を支援することを目的に、基礎的な日本語および生活習慣などの研修を集中的に実施する施設として日本政府が埼玉県所沢市に中国帰国者定着促進センターを開所するのは一九八四年のことである。帰国者はここに六カ月間（二〇〇四年までは四カ月間）入所し、研修を受けるとともに就籍（戸籍回復と国籍取得）など各種手続きを済ませることになる。

帰国者が初期に入所する定着促進施設を一次センターと呼ぶ。最多時に六カ所あった一次センターは、現在は所沢に唯一残るのみである（二〇一六年三月末に閉所予定）。帰国者は研修を終えると縁故のある都道府県に定着し、身元未判明者の場合は各地に分散して自治体の協力を得て定着をはかった。各地域に定着した帰国者は、さらに八カ月間当該地域の二次センターである中国帰国者自立研修センターで日本語教育や就労相談および生活指導を受けることになるが、最後まで運営されていた東京と大阪の中国帰国者自立研修センターも二〇一三年三月をもって閉所となった。

しかし言語習得の熟達可能時期を超えた帰国者が、日常生活を無理なく過ごすためには持続的な日本語学習が必要であり、地域社会から孤立しがちな帰国者に発生するさまざまな問題の解決のためにも生活相談や就労支援などが欠かせない。地域定着後に帰国者に対して交流および支援サービスを提供する三次センターが中国帰国者支援・交流センターである。

二〇〇〇年代以降は、帰国者の数が徐々に減少し、一世の高齢化対策や二世・三世の教育および就業問題が主な課題として浮上した。すると、帰国者への支援の軸も帰国および定着から経済的自立および老後生活の安定に移り、三次センターである中国帰国者支援・交流センターが中心的役割を担うことになる。

三次センターは全国七地区で運営されている。北海道は帰国者が特別多く定着した場所ではないが、中国帰国者とともにサハリン帰国者が多いのが特徴である。こうした事情もあって、北海道中国帰国者支援・交流センターには、中国帰国者とサハリン帰国者向けの日本語クラスがそれぞれ設置されている。中国帰国者やサハリン帰国者には二世・三世の社会や学校への適応の面で多くの問題があることは無視できないが、地域に密着した支援システムが整っていることは評価できる。

一方、韓国におけるサハリン永住帰国者の支援はどのように展開されているのだろうか。韓国でサハリン残留朝鮮人の永住帰国が本格化するのは二〇〇〇年になってからである。一九八〇年代になり、五九年に結成された樺太帰還在日韓国人会（前出）や日本の市民の献身的な努力によって一時帰国が細々とではあるが実現した。八九年には日韓赤十字社の共同事業として「在サハリン韓国人支援共同事業体」が発足し、本格的な母国訪問が実施された。

サハリン残留朝鮮人の永住帰国は、一九九三年の細川護熙《もりひろ》首相と金泳三《キムヨンサム》大統領による日韓首脳会談で問題解決に向けて積極的に対応することが話し合われた。それにしたがって両国は、住宅および療養施設建設に必要な土地を韓国政府が提供し、建設費用および定着支援金を日本政府が提供することで合意した。九五年に日本から提供されたおよそ三二億円の資金をもって、ソウル近郊の安山市に五〇〇世帯分のマンションが建設されるが、この「故郷マウル（村）」と呼ばれる「サハリンアパート」が完成し入居が始まったのは、合意から五年以上が経った二〇〇〇年二月のことであった。

こうして六五歳以上の八一六人、四〇八世帯が永住帰国し、すでに帰還していた一五一人、八一世帯とともに「サハリンアパート」に入居した。これらの帰国者は毎月四五万ウォン（約四万五〇〇〇円）の補助金で生活している。二〇〇七年には、全国の各自治体がサハリン残留者を受け入れることで二〇〇〇年以来の大規模な永住帰国が実現し、対象者のほとんどは永住帰国を果たしたと言える。しかし永住帰国を許されたのは原則、法律的に大韓民国の国籍を有するとみなされる「戦前生まれの一世」に限られ、こうした措置は新たな家族離散を生み出すなどさまざまな問題を露呈している。

これらの問題への対処の一環として、帰国者のあいだでは「逆訪問」と呼ばれる、およそ二年に一度、帰国者のサハリンへの一時訪問を支援する日本赤十字社の協力事業が運営されている。しかしながら、韓国の場合、永住帰国者に対する法律が存在せず、住居の提供以外に永住帰国者への体系的な支援は施されていない。

サハリン残留朝鮮人の永住帰国対象を拡大し定着を支援するべく、たびたび特別法の立法化が進められてきたが、政界と世論の無関心のなかでことごとく廃案となった。ただ、二〇一四年二月に忠清南道がサハリン帰国者を支援する条例を制定し、自治体レベルであるが、韓国語教育および通訳・翻訳サービスの提供、文化体育事業や家族再会事業を支援する道が開かれた。

なお、韓国では二〇〇〇年代に入り、「日帝強占下強制動員被害真相糾明に関する特別法」(二〇〇四年三月五日)および「日帝強占下反民族行為真相糾明に関する特別法」(同三月二二日)が制定され、植民地支配の「過去清算」の端緒を開いた。それを受けて、二〇〇六年には戦前にサハリンに強制動員された人びとの国家レベルの調査が開始され、強制動員された事実が認められれば、二〇〇〇万ウォン(約二〇〇万円)の補償金が支払われることになった。サハリンの場合、募集や徴用によって現地に動員されながらも残留を強いられ、帰還できずに一九九〇年以前に死亡した人も被害者に含まれた。

このように日本と韓国が「自国民」の永住帰国事業を展開するのであるが、それぞれの帰国支援の制度は独自に推進され、しかも同伴可能な家族の条件も異なる。すなわち、戦後サハリンに取り残された日本人および朝鮮人において「祖国」への帰還が現実問題となるなか、こうした相違は日本人と朝鮮人が混合する家族をさらなる離散に導くことを意味した。

日韓の永住帰国の支援制度が、重層化・複合化した家族関係の実態にそぐわず、国家に帰属するかたちで展開されることが新たな問題を惹起していると言える。そこでこれらの家族は、日韓の帰国政策や支援制度に翻弄されるのではなく、自ら戦略的に各々の帰国制度を活用しつつ、トランスナショナルな生活空間を創造しているのである。

日韓ロのトランスナショナルな生活空間の創造

サハリン残留日本人女性の場合、日本帝国が膨張する過程で、「移住型植民地」の樺太に「労務者的日本人」（の家族）として進出したが、戦後はソ連支配下のサハリンで生活することを強いられた。引き揚げを断念した日本人の女性と子どもの多くは、夫婦や義理の親子というかたちで朝鮮人コミュニティに包摂され、重層化・複合化した家族関係のもとに置かれることで多重的なアイデンティティを形成してきた。こうした多層的なエスニック・マイノリティが、日本と韓国のそれぞれの帰国政策の相違のもと「本国帰国者」として移住し、新たな社会環境への適応を迫られている。

このように、外部に吐き出される(＝階級)しかなかった植民地支配国(＝民族)の女性(＝ジェンダー)であるサハリン帰国者のトランスナショナルなアイデンティティを、「民族・階級・ジェンダー相互の関係性」(金富子)から眺めれば、サハリン残留〈日本人〉女性にのしかかる「継続する植民地主義」が浮き彫りになる。帰国者としての生活は、植民地主義が解消されるよりも、そこに差別や抑圧が折り重なることで深化したさまざまな問題をはらんでいる。

すなわち、サハリン残留〈日本人〉女性とその家族は、隠蔽されてきた植民地主義の暴力と構造を「帰国」という実践をとおして、東アジアにおけるポストコロニアルの状況を指し示している。それはいやおうなく「継続する植民地主義」に対抗しつつ、今日の国民国家体制にも異議を突きつけている。満州やサハリンから「本国帰国者」として日本にやってきた「移民」たちは、敗戦間際の極度の混乱と戦後の国際関係に翻弄され、なにが自らを発生させ、なぜ長らく放置されてきたのかについて日本社会に問い返している。

国民国家体制への異議申し立ては、たんに自らの存在証明のためのアイデンティティ・ポリティクスにとどまらない。国費帰国の制度を利用しながらも、全面的に国家に回収されるのではなく、そのトランスナショナルな実践をとおして「国家の外に出る」のだ。

むろん、そこには、朝鮮系ロシア人として生きてきた若い世代が、これまでほとんど意識することのなかった日本人の祖先に導かれて「帰国」し、そこで新たなアイデンティティを目指して格闘しなければならない現実も無視できない。「朝鮮系ロシア人の日本社会への統合」という、多重的なアイデンティティの落ち着くところは、いまのところ未確定のままなのだ。

サハリン帰国者のライフストーリーはそれぞれ異なり、多様であるが、これらの帰国者の声に耳を傾けることは、領土問題や歴史問題による対立と葛藤が表面化する東アジアが危機を乗り越えていくうえでも肯定的に作用すると思われる。こうした多重的アイデンティティを象徴するエピソードを紹介することで結びにしたい。

北海道中国帰国者支援・交流センターは、毎年サハリン帰国者のための交流パーティーを開いている。家族を含め大勢の人が参加するのが恒例だ。ある帰国者は、交流パーティーがあるたびに

北海道中国帰国者支援・交流センター主催の交流パーティー（2012年、撮影／玄武岩）

自慢のハーモニカの音色を披露するが、朝鮮民謡の「アリラン」も演目のひとつだ。参加者が「アリラン」を伴奏にして歌い出したり、演壇に上がって踊り出したりする光景がいつも見られる。サハリン帰国者の「アリラン」のメロディーに反応する身体が、日本と韓国・朝鮮の絡まり合う状況を物語る。

こうした場面からも、日本と韓国の境界を越えて行き来する多重的アイデンティティの主体としての「本国帰国者」の意味はいっそう明確になるはずだ。戦後サハリンにおける日韓の多層的・多言語的な家族の生活空間の考察をとおして浮き彫りになる、サハリン帰国者のトランスナショナルなアイデンティティからは、歴史問題で対立する日韓関係を解きほぐすヒントが得られるかもしれない。

本文は、玄武岩『「反日」と「嫌韓」の同時代史―ナショナリズムの境界を越えて』(勉誠出版、二〇一六年)の第六章「サハリンで交錯する日韓の「残留者」たち―日韓ロの多層的空間を生きる」と一部重複している。

【註】

〈1〉「本国帰国者」については蘭信三編『中国残留日本人という経験―「満州」と日本を問い続けて』(勉誠出版、二〇〇九年)を参照。

〈2〉天野尚樹「解題I　千島・樺太の国境・植民・戦争」(サヴェーリエヴァ、エレーナ/小川内道子訳、サハリン・樺太史研究会監修『日本領樺太・千島からソ連領サハリン州へ―一九四五〜一九四七年』成文社、二〇一五年)一三七頁。

〈3〉同右、一三九頁。

〈4〉田村将人「先住民の島・サハリン―樺太アイヌの日露戦争への対処」(原暉之編『日露戦争とサハリン島』北海道大学出版会、二〇一一年)。

〈5〉原暉之「日露戦争期サハリン島研究の概観と課題」(同右)三頁。

〈6〉天野尚樹「見捨てられた島での戦争―境界の人間/人間の境界」(同右)五六頁。

〈7〉塩出浩之「日本領樺太の形成―属領統治と移民社会」(同右)二二三頁。

〈8〉同右。

〈9〉樺太終戦史刊行会編『樺太終戦史』(全国樺太連盟、一九七三年)一五頁。

〈10〉塩出、前掲書、二二三―二二四頁。

〈11〉樺太終戦史刊行会編、前掲書、六二頁。

〈12〉塩出、前掲書、二二四頁。

〈13〉天野、前掲書、一四三頁。

〈14〉中村大将『亜寒帯植民地樺太の移民社会の形成―周辺的ナショナル・アイデンティティと植民地イデオロギー』(京都大学学術出版会、二〇一四年)一三七―一五七頁。

〈15〉三木理史『移住型植民地樺太の形成』(塙書房、二〇一二年)八七―八九頁。

〈16〉天野、前掲書、二〇一五年、一四四頁。

〈17〉三木、前掲書、九二頁。

〈18〉天野、前掲書、一四四―一四五頁。

〈19〉樺太終戦史刊行会編、前掲書、六頁。

〈20〉天野、前掲書、一四三頁。

〈21〉同右、一四五頁。

〈22〉樺太終戦史刊行会編、前掲書、八八頁。

〈23〉同右、一四五―一四六頁。

〈24〉三木、前掲書、二六七頁。

〈25〉同右、二七一―二七二頁。

〈26〉中山大将「サハリン残留日本人―樺太・サハリンからみる東アジアの国民帝国と国民国家そして家族」(蘭信三編『帝国以後の人の移動』勉誠出版、二〇一三年)七四四頁。

〈27〉三木、前掲書、三三八頁。

〈28〉同右、三五八頁。

〈29〉同右、三五〇頁。

〈30〉中山、前掲書、二〇一四年、六五頁の表「樺太における民族構成の推移」より作成。

〈31〉今西一「樺太・サハリンの朝鮮人」(今西一編『北東アジアのコリアン・ディアスポラ』小樽商科大学出版会、二〇一二年)三七頁。

〈32〉李炳律『サハリンに生きた朝鮮人―ディアスポラ・私の回想記』(北海道新聞社、二〇〇八年)四九頁。

〈33〉片山通夫『追跡! あるサハリン残留朝鮮人の生涯』(凱風社、二〇一〇年)四四頁。

〈34〉三木、前掲書、三五四―三五五頁。

〈35〉樺太終戦史刊行会編、前掲書、一九九頁。

〈36〉同右、一七三―一七四頁。

〈37〉同右、一八七頁。

〈38〉サヴェーリエヴァ、前掲書、一〇頁。

〈39〉樺太終戦史刊行会編、前掲書、二六五頁。

〈40〉同右、一二頁。

〈41〉天野、前掲書、一四七―一四八頁。

〈42〉木村由美「『脱出』という引揚げの方法 - 樺太から北海道へ」『北海道・東北史研究』九号(北海道・東北史研究会、二〇一三年)五頁。

〈43〉片山、前掲書。鄭泰植の父・好潤は一九四四年八月の急速転換により勤務先の三井鉱業所西柵丹炭鉱が閉鎖されると、ともに働く長男・聖泰とともに九州の炭鉱に配置転換された。日本が敗戦すると、聖泰は故郷の大邱に向かう一方、好潤は家族を捜して北海道から密航してサハリンに戻った。鄭家族は戦後、サハリンと大邱に離散して暮らすことになる。

〈44〉サヴェーリエヴァ、前掲書、一三頁。

〈45〉同右、三一頁。

〈46〉同右、三八頁。

〈47〉同右、一〇六―一一三頁。

〈48〉同右、七一―七七頁。

〈49〉同右、六四頁。

〈50〉同右、六八頁。

〈51〉同右、一〇一―一〇五頁。

〈52〉同右、一〇四頁。

〈53〉同右、一〇五頁。

〈54〉Repatriation of Korean from Sakhalin (G-3 Repatriation), Jan.

1946-June 1949, GHQ Record G3 G Ⅲ -00104.（国会図書館憲政資料室所蔵）

〈55〉Din Yulia," Dream of returning to the homeland: Korean in Karafuto and Sakhalin", Svetlana Paichadze and Phillip A.Seaton (eds.), Voices from the Shifting Russo-Japanese Border: Returnees from Sakhalin, Routledge, 2015, pp.176-180.

〈56〉玄武岩『コリアン・ネットワーク―メディア・移動の歴史と空間』（北海道大学出版会、二〇一三年）一三二頁。

〈57〉Din, ibid.

〈58〉一九四二年一一月一日東条内閣は拓務省を廃止して大東亜省を新設した。戦局の推移によって政府は南方地域のいわゆる「大東亜共栄圏」の建設に力を注ぐため外地行政の集約、簡素化をはかったもので、樺太については内務省所管に移され、樺太庁も一地方庁になり、翌一九四三年四月一日に内地に編入されることになった。樺太終戦史刊行会編、前掲書、六二頁。

〈59〉天野尚樹「個別的愛国主義の帝国―戦後ソ連のサハリン朝鮮人統治　一九四五〜一九四九年」（今西編、前掲書）、一三七頁。

〈60〉李、前掲書、一一一頁。

〈61〉天野、前掲書、一三八頁。

〈62〉クージン、アナトーリー・T（岡奈津子・田中水絵訳）『沿海州・サハリン　近い昔の話―翻弄された朝鮮人の歴史』（凱風社、一九九八年）二六一頁。

〈63〉ディン、ユリア「アイデンティティを求めて―サハリン朝鮮人の戦後　一九四五〜一九八九年」（今西編、前掲書）、一四九頁。

〈64〉「報告書　ソ連国籍を取得して組織的に朝鮮民主主義人民共和国へ帰国した南サハリン在住者及び朝鮮民主主義人民共和国の住民の人数について」一九五六年九月一日、内務省サハリン州警察署長プレトニョフ大佐よりサハリン州執行委員会委員長クジクL．I．あて、「サハリン州執行委員会の書信交換」Φ. 53、Oп .7, д . 181.（サハリン州立歴史史料館所蔵）。

〈65〉ディン、前掲書、一五八―一五九頁。

〈66〉朴亨柱（民涛社編集）『サハリンからのレポート―棄てられた朝鮮人の歴史と証言』（御茶の水書房、一九九〇年）六三頁。

〈67〉ディン、前掲書、一五六―一五九頁。

〈68〉鈴木裕子「内鮮結婚」（大日方純夫編『日本家族史論集13　民族・戦争と家族』吉川弘文館、二〇〇三年）一六六―一七六頁。

〈69〉中山、前掲書、七五一頁。

〈70〉吉武輝子『置き去り―サハリン残留日本女性たちの六〇年』（海竜社、二〇〇五年）。

〈71〉玄、前掲書、一三四頁。

〈72〉同右、一三四―一三六頁。

〈73〉同法律の正式名称は、「中国残留邦人等の円滑な帰国の促進及び永住帰国後の自立の支援に関する法律」。

〈74〉井出孫六『中国残留邦人―置き去られた六十余年』（岩波新書、二〇〇八年）一六五頁。

〈75〉同右、一六八頁。

〈76〉小川峡一編『樺太（サハリン）・シベリアに生きる―戦後六〇年の証言』（社会評論社、二〇〇五年）。

「他者」との出会いから生まれた本——あとがきにかえて

パイチャゼ・スヴェトラナ

綿雪が降る二〇一四年一月のある日、立場や国籍が異なる私たちはサハリン残留者を描くひとつの種を蒔いた。本書のプロジェクトのきっかけとなった、写真撮影を担当した後藤悠樹の写真展での出来事だ。

後藤は、二〇歳の頃からたびたびサハリンを訪れ、ときには長期滞在をして、日本、韓国、ロシアのはざまに生きるサハリンの人たちをカメラに収めてきた。彼の作品に映し出される素顔の主人公たちへの温かい目線と柔軟な感性は輝いて見えた。そこには本書に登場するトマリの石井ヨシさん、ユジノサハリンスクの金川よし子さん、ホルムスクから永住帰国した川瀬米子さんの姿もあった。

後藤にとって、サハリンを写した二度目の写真展となる「春が来るまえに〜樺太・サハリン二〇一三冬」は、二〇一三年一一月の東京に続き、翌年一月に札幌でも開催された。写真展のシンボルになったのが金川よし子さんだ。桜を背景にしたサハリン在住朝鮮人女性の写真を見た瞬間、私たちは言葉で伝えたかったことを初めて悟った。

写真展の期間中、後藤はのちに私たち二人を交えて、「サハリントーク」というイベントを開いた。トークイベントには川瀬米子さんも招いた。「サハリントーク」の来場者は、川瀬さんの話に耳を傾けながら、後藤の写真に込めた思いを心に留めた。川瀬さんは、一〇年前に後藤が初めてサハリンを訪問したときから温かく見守り、案内をしてくれた人だった。その後、川瀬さんは永住帰国して札幌に定着し、そこで私たち二人も彼女と知り合うことになる。そしてその場で、「語り」と「イメージ」を合わせてサハリン残留者を描こうと三人は意気投合したのだ。こうして本書の企画は始まった。

左から玄武岩、後藤悠樹、川瀬米子、バイチャゼ・スヴェトラナ。「サハリントーク」で

それ以前から、私たちはそれぞれ「サハリン残留者」に関心を持ち、各自の道を進んできた。

筆者が初めてサハリン帰国者と出会ったのは一九九六年のことだった。通訳のアルバイト先で、一人のサハリン朝鮮人に「じつは、ぼくは母とともに帰国した。母は日本人だ」と言われたとき、いまでもサハリンに日本人残留者がいることを知って驚きを隠せなかった。その頃から札幌のロシア人コミュニティにはサハリン帰国者が増えていった。日本人として「帰国」した人たちの多くは、朝鮮の姓とロシアの名をもち、普段はロシア語で会話をしていた。

筆者は、二〇〇一年に発足した「ロシア学校」や二〇〇八年に立ち上げたボランティア団体カーサ（CaSA）の活動、市立札幌大通高等学校での仕事をとおして、帰国者の三世や四世と出会った。これらの若者や子どもたちと接することで、帰国者の生活状況、言語、アイデンティティ、教育の問題と直接に関わるようになっていく。徐々にサハリン帰国者についての理解を深めていき、日本社会にも伝えたいと強く思うようになった。

そうした気持ちから、在外ロシア人を研究する筆者は、二〇一一年から「北海道多文化共生におけるサハリン帰国者の役割」という研究プロジェクトを開始した。その枠内で共著者の玄武岩と「サハリン残留〈日本人〉」をテーマにして共同研究を進めることとなった。玄武岩は日韓関係および在外コリアンの研究者で、サハリン残留朝鮮人の歴史と現在について研究を行ってきた。サハリンの現地調査の経験もあった。

サハリン帰国者の問題は、植民地史や日韓関係からの研究の視点も重要である。サハリン帰国者が織り成す日韓ロの多層的空間は、彼らのトリプルアイデンティティについての理解なくしては描きえなかった。日本における在外コリアンと在外ロシア人の研究が組み合わされることで、彼らの存在を理解することが可能となった。そこから日本、ロシア、韓国で三つの言語によるインタビュー調査が始まった。ただし、インタビューの言語は、本書に登場する人びとが居住する国や地域の言葉とかならずしも一致するものではなかった。基本的に、相手が話す言葉を選び、その後、私たちが日本語やそれぞれの母語で確認し、質問した。インタビューはロシア語に加えて、朝鮮人に日本語で、日本人に朝鮮語でというケースも少なくなかった。

こうした調査を進める過程で、二人は後藤悠樹に出会い、それから三人は北海道を拠点にして、韓国の安山や仁川、サハリンのユジノサハリンスク、コルサコフ、遠くはトマリまで足を運び、インタビューと写真撮影の取材を行った。とはいっても帰国者やその家族は、ロシア、日本、韓国の三カ国にまたがって生活しているため、ひとつの家族をひとつの場所でインタビューすることで済む問題ではなかった。

日本や韓国、そしてロシアで会った人たちに、空港や港で遭遇することもしばしばあった。函館でインタビューした淡中詔子さんとは、稚内からコルサコフへ向かうフェリーで偶然に出会った。五時間の船旅を、談笑をし、食事をし、テレビを見ながら一緒に過ごした。その折にサハリンでの家族イベントに誘われ、客として大切にもてなされた。

このように本書の執筆に至るプロセスは、帰国者の家を訪ねてインタビューし、撮影することにとどまらなかった。子どもの誕生会や孫の合格パーティー、夏のバーベキュー、入院のお見舞いなど喜びと悲しみが交錯する日々の生活をともにし、帰国者の方々と付き合うなかで本書は生まれた。

子が遠方にいる帰国者の場合、そばに両親がいない私たち三人を家族のように受け入れてくれた。家庭菜園の収穫物をいつも届けてくれる菅生善一さん、自作のキムチやロシア風の漬物を分けてくれる川瀬米子さん、日本サハリン協会などの活動で忙しくてもかならず会ってお話ししてくれる須田百合子さん。

また、筆者と同じように日本の社会で子どもを育てる竹中家や加賀谷家の女性たち。そして、ロシア学校や札幌大通高校に通う彼女らの子どもたち。同じ悩みや喜びを分かち合うことで関係が深まった。

韓国にいる金炳守さん、シン・ボベさん、サハリンにいる金川よし子さん、石井ヨシさんは初対面にもかかわらず、私たちを温かく迎え入れてくれた。一時帰国するたびに札幌で会う遠藤キゼンさんには、コルサコフの町を案内していただいた。サハリンの方々とはいつ再会できるかわからないまま、今日も電話で連絡をとり合っている。

私たちと帰国者の方々は互いに心が強く結ばれていると感じている。この関係や気持ちがなければ本書は生まれなかったに違いない。この場を借りて、帰国者の皆さん、とくに本書に登場していただいた方々に心から御礼を申し上げたい。

本書の執筆には、調査、研究、結果発表などを含め長い期間を要し、完成までには多くの方々のご協力を得ることになった。

本書は筆者が研究代表を務める二〇一一～一三年度科学研究費補助金基盤研究（B）「北海道多文化共生におけるサハリン帰国者の役割」の一環としてスタートすることができた。その後、北海道大学大学院メディア・コミュニケーション研究院の二〇一四年度共同研究補助金による共同研究「札幌・サハリン・安山―サハリン帰国者における日ロ韓のトランスナショナルなアイデンティティ」によって続けられた。両方の研究プロジェクトの支援によって、国内外の調査に出かけることができた。

その成果のひとつが、Mooam Hyun and Svetlana Paichadze, "Multi-layered Identities of Returnees in their 'Historical Homeland': Returnees from Sakhalin", Svetlana

Paichadze and Phillip A. Seaton (eds.), *Voices from the Shifting Russo-Japanese Border, Routledge*,2015 である。

現地調査に際しては、日本国内はもちろん、韓国、ロシアのボランティア団体やNGOなどの方々に資料収集で大変お世話になった。とくに、NPO法人日本サハリン協会の斎藤弘美会長、サハリン日本人協会の白畑正義さんと須田エカテリーナさん、北海道中国帰国者支援・交流センターの向後《こうご》洋一郎さん、韓国のKIN（コリアン・インターナショナル・ネットワーク）のイ・ウニョンさん、サハリン州歴史史料館のディン・ユリアさん、共同研究者である京都大学地域研究統合情報センター助教の中山大将さんに御礼を申し上げたい。

本書の出版においては、北海道大学大学院メディア・コミュニケーション研究院の共同研究補助金（出版助成）の交付を受けた。この出版プロジェクトのメンバーにもお力添えをいただいた。ジェフ・ゲーマン先生には「日本と韓国における帰国児童生徒の教育の問題」の研究会で助言やコメントをいただき、宇佐見森吉先生には本書の内容について貴重なコメントをいただいた。心から感謝している。同大学大学院生の加藤康子さんの紹介がなければ、私たち三人が会うことはなかっただろう。また、インタビューの文字起こし、翻訳、原稿の校正など労を惜しまなかったトカルチュク・エヴゲーニアさん、木下裕子さん、鈴木久乃さん、芳賀恵さんにも感謝を申し上げる。

編集を担当していただいた高文研の真鍋かおるさんには、読者の目線からさまざまなアドバイスをいただいた。柳裕子《ゆうゆじゃ》さんの装丁・本文デザインによって躍動感にあふれることで、本書は読みやすくなった。優れた編集者・デザイナーに出会わなかったら、本書が日の目を見ることはなかっただろう。

そして個人的には、サハリンや韓国の調査に同行した筆者の娘たち、アルバレス・サーシャとアーシャに感謝する。調査中に自分の目で見て、耳で聞いたことを長い人生のなかで忘れないようにしてほしい。

このように、本書を執筆する各段階で素晴らしい仲間とともに作業に取り組み、成果を出すことができた。本書をとおして読者の方々にも仲間に加わっていただければ幸いである。

二〇一六年三月七日

玄 武岩（ヒョン・ムアン）
1969 年生まれ。韓国・済州島出身。東京大学大学院人文社会系研究科博士課程修了。同大学院情報学環助手を経て、2007 年より北海道大学大学院メディア・コミュニケーション研究院准教授。著書に『韓国のデジタル・デモクラシー』（集英社新書）、『統一コリア』（光文社新書）、『コリアン・ネットワーク』（北海道大学出版会）、『「反日」と「嫌韓」の同時代史』（勉誠出版）、共著に『興亡の世界史18　大日本・満州帝国の遺産』（講談社）。

Paichadze Svetlana（パイチャゼ・スヴェトラナ）
1972 年生まれ。ロシア出身。北海道大学国際広報メディア研究科博士課程修了。博士（国際広報メディア）。2006 年より土曜教室「ロシア学校」教師。2008年よりCaSA（Child-assist Sapporo　Association）の代表。北海道大学大学院メディア・コミュニケーション研究院助教を経て、2016 年より学術研究員。共編著に Voices from the shifting Russo-Japanese border : Karafuto/Sakhalin (Routledge，2015)。

後藤悠樹（ごとう・はるき）
1985 年生まれ。大阪府出身。日本写真芸術専門学校卒業。2006 年よりライフワークとしてサハリンの撮影を始め、以後、定期的にサハリンを長期滞在する。写真展に、2013 年「降りしきる雪、その一片が人を満たすまで あれから三年― MONEHT ―」（Juna21 新宿ニコンサロン・大阪ニコンサロン）、2014 年「春が来るまえに」（新さっぽろギャラリー）、などがある。広告写真家のアシスタント、アパレルスタジオカメラマンを経て、現在写真館勤務。

サハリン残留
日韓ロ　百年にわたる家族の物語

二〇一六年　三月　三一日 ――― 第一刷発行

著者＝玄武岩／パイチャゼ・スヴェトラナ
写真＝後藤悠樹

発行所／**株式会社 高文研**
東京都千代田区猿楽町二―一―八
三恵ビル（〒一〇一―〇〇六四）
電話０３＝３２９５＝３４１５
http://www.koubunken.co.jp

装丁・本文デザイン／柳 裕子

印刷・製本／シナノ印刷株式会社

万一、乱丁・落丁があったときは、送料当方負担でお取りかえいたします。

ISBN978-4-87498-593-9 C0021
©Hyun Mooam 2016　©Paichadze Svetlana 2016　©Goto Haruki 2016